新媒体环境下
大学生人文素质教育研究

陈 鑫 著

延边大学出版社

图书在版编目（CIP）数据

新媒体环境下大学生人文素质教育研究 / 陈鑫著
. -- 延吉：延边大学出版社，2021.10
ISBN 978-7-230-02267-5

Ⅰ．①新… Ⅱ．①陈… Ⅲ．①大学生—人文素质教育
—研究 Ⅳ．①G640

中国版本图书馆CIP数据核字(2021)第220142号

新媒体环境下大学生人文素质教育研究

著　　者：陈　鑫
责任编辑：翟秀薇
封面设计：王　朋
出版发行：延边大学出版社
社　　址：吉林省延吉市公园路977号　　　邮　编：133002
网　　址：http://www.ydcbs.com　　　E-mail:ydcbs@ydcbs.com
电　　话：0433-2732435　　　传　真：0433-2732434
印　　刷：北京市迪鑫印刷厂
开　　本：787毫米×1092毫米　　1/16
印　　张：7.25
字　　数：138千字
版　　次：2022年3月第1版
印　　次：2022年3月第1次印刷
书　　号：ISBN 978-7-230-02267-5

定　　价：54.00元

前　言

回顾传播方式的发展历程，在原始时代，人们使用的传播方式是把书面信息通过交通工具等可触的工具运送给接受信息的人或相应的地点。这样的传播方式不仅耗费时间，也容易造成信息丢失。很长一段时间后，传统大众传播时代到来，报纸、广播、杂志、电视成为人们生活中喜闻乐见的信息传播媒介，这个时期信息的传播速度得到了一定的提高，并且凭借着针对性强、发布时间稳定、信息内容公开传播等特点，给人们获取信息带来了不少便利。

然而，随着以数字技术为基础的互联网等新媒体的迅速兴起，信息的传播环境和传播方式也发生了空前的变化，受众不再是被动接受的一方，他们开始慎重地选择自己乐意接受的媒体。更值得关注的是，新媒体开创的信息交互功能使受众不再是单向的信息获取者，而成为信息的发布者。对等传播已经成为现代传播的重要形式，就这样一个符合现代社会发展的全新时代——新媒体时代，随之诞生了。

新媒体时代下的大环境为大学生人文素质教育提供了新的平台。大学生人文素质教育不仅应该包括"知"——了解人文知识，更应包括"行"——践行人文精神、修正人文行为。这样才符合全面发展思想的科学内涵，才能够帮助大学生在接受人文素质教育的同时深入思考人生，进而实现自我升华。

大学生心理素质教育课作为一门注重体验、讲究应用性与实践性的课程，不仅有利于人文知识的普及，更有利于人文知识的实践。心理素质课程作为大学生身心发展保障的课程，已成为人文素养教育中不可缺少的环节。在尊重人格主体性与差异性的前提下，运用心理学理论、团体辅导、心理剧等方式将心理素质教育与人文素养教育紧密结合起来，有助于促进大学生心理健康的发展与人文素质的提升。

本书紧跟时代发展，从人文素质教育理论、礼仪与修养、心理健康教育、理想教育四个方面对新媒体环境下的大学生人文素质教育进行了深入研究，对新媒体环境下大学生人文素质教育问题提出了建设性的意见，在推动我国素质教育实施、促进大学生全面发展方面具有一定的指导价值。

本书在撰写过程中，参阅了大量的文献资料，引用了诸多专家和学者的研究成果，在此表示最诚挚的谢意。由于作者水平有限，书中的不足之处，敬请专家、学者及广大读者批评指正。

目　录

绪论　新媒体环境概述

一、新媒体的本质与特征

（一）新媒体的本质

"新媒体"这一概念，是由美国哥伦比亚广播电视网技术研究所所长戈尔德马克（P. Goldmark）于 1967 年提出的，戈尔德马克在自己发表的一份关于开发电子录像的报告中把电子录像称为"新媒体"。1969 年，美国传播政策总统特别委员会主席罗斯托（E. Rostow）在报告书中多次提及"新媒体"这一新说法，由此，"新媒体"这个新名词开始在美国社会传播并逐渐扩展到全世界。美国的《连线》杂志对于新媒体的定义是"所有人对所有人的传播"。

有学者认为，新媒体是一个相对的概念、时间的概念、发展的概念。今天所有的媒体都带有传统媒体的基因和新媒体的元素。今天我们所说的新媒体通常是指在计算机信息处理技术基础上出现的媒体形态。而且新媒体并不是只体现在数字媒体和网络媒体的平台上，科学技术越来越先进，媒体形态也是千变万化，也许在数字、网络媒体后诞生的更多新媒体形态才是更需要我们关注的。

中国传媒大学教授宫承波认为，新媒体是依托数字技术、互联网技术、移动通信技术等新技术向受众提供信息服务的新兴媒体，如搜索引擎、虚拟社区、电子邮件、网络游戏等都属于新媒体。还有学者认为，新媒体是指一切区别于传统媒体的的媒体，是指具有多种传播形式、内容、形态，且还在不断更新的新型媒体。因此，虽然有许多专家学者在讲新媒体时都会为新媒体下一个定义便于人们理解，但是目前并没有一个关于新媒体的真正定论，因为新媒体所涉及和包含的方面广而细，与许多领域都有交织，所以在为新媒体下定义时需要注意一些值得商榷的点。

早年的网络论坛社区、手机报、网络电话、数字报纸、电子书以及近些年的即时通信、博客、网络视频、网络直播、移动客户端、数字电视与交互式网络电视等，都是新媒体的主要形式。

新媒体以其得天独厚的数字化、多样性、即时性和交互性的特性传递新闻信息，成为拥有丰富信息资源、能够促进便捷交流互动的媒介，并深深地影响着人们的工作和生活。由于新媒体技术的不断发展，新媒体在形式、新的服务方式以及软硬件方面不断突破，各种新媒体软件与大众生活联系得越来越紧密，它们更加关注用户的自主性操作，将受众的角色转变为个性化的传播者角色。像QQ、推特、微博、微信、小咖秀、映客直播、头条新闻等应用软件，都使原来的广大受众转变为集受众和传播者为一体的"新个体"。一些专家和学者把这些具有个性化、使每个人都能够主动传播信息的新媒体称为"自媒体"。

基于前人对新媒体的研究，笔者更为认同的新媒体概念如下：新媒体是指通过数字技术、互联网技术、移动通信技术等技术支持所形成的一个具有信息集成、交汇功能，可以为广大受众提供信息接收、交互服务的"平台"。此"平台"有形式多样、更新速度快、容纳受众多、个性化服务体验优良等特点。

（二）新媒体的特征

新媒体的数字化、网络化和信息化等技术特征为新媒体的内容共享创造了一个非常关键的前期铺垫。新媒体的传播特征是互动交互，传播者与受众的界限不再清晰；新媒体的功能特征是为社会提供海量的多媒体信息服务和信息共享，能高效快捷地实现海量内容的聚合和发散。具体如下：

第一，现代化的技术特征。新媒体的三大技术支撑就是数字化、网络化和信息化。新媒体主要通过计算机信息处理技术，把卫星网络、互联网、移动通信等处理为信息平台的媒体形态，分为有线通道及无线通道两种传输方式。我们熟知的新媒体形态有互联网可移动通信设备、网络电视、电子报纸等。

第二，交互性。一方面，在新媒体时代，人们不再是单一的受众群体，而是具有传播者和受众两种身份，人们不仅可以通过新媒体平台被动地接收信息，还可以作为信息发布者通过各类新媒体平台广泛地传播信息；另一方面，人们在体验"双重身份"的过程中，不仅实现了信息传播交互的目的，还可以在新媒体平台的评论区进行精神层次的交互交流，使信息被最大化地利用、理解。

第三，包容性。传统媒体一般以单一的形式出现，不能将不同的信息形式、选材及内容同时展现出来；而新媒体可以使声音、文字、图形、影像等形式的信息数字化，可以实现跨媒体传播，呈现信息的方式丰富多样。

第四，高效性。新媒体不受时间、地点的约束，具有全时段和覆盖面广的特征。人们可以在有通信网络覆盖的地方接收到来自世界各地的信息，极大提高了人们的生活、办事和了解世界的效率。

第五，创新性。新媒体在技术、运营、产品、服务等商业模式上持续创新，并且更新速度极快。新媒体不仅是技术平台，也是媒体机构。与传统媒体相比，新媒体的变化不仅是技术方面的推陈出新，它的商业模式也在不断地改革创新。

第六，可融合性。新媒体的边界具有一定的模糊不定性，表现出各种媒介、媒体的融合态势。所谓媒介融合，就是各种媒介呈现出多功能一体化的趋势，如集报刊、图片、有声读物、视频等媒介为一体的门户网站或客户端。所谓媒体融合，就是借助互联网思维使新媒体更具有入口价值。媒体融合不是简单的平台相加，而是要做到深度相融、去中心化和多中心化。

二、新媒体的功能及发展

（一）新媒体的功能

研究新媒体是为了使大众对新媒体有一个本质上的认识，进而对新媒体有正确的理解和态度。当下很多网页、报纸、杂志都热火朝天地宣传着新媒体时代的到来，使受众对新媒体有种莫名的崇拜感和敬畏感。但是事实上新媒体就是一种新的信息传播载体，这种载体也只有在人们的运用下才能发挥作用。

新媒体时代或新媒体环境的描述，在很大程度上反映了新媒体与人们的密切关系。新媒体在质的规定性上是媒介，但是在功能表现上更像是一种环境。因为新媒体时刻影响着人们的生活和工作，甚至改变了人们的行为方式。新媒体具备了不同以往媒体的特点，并在实际运用中产生了意想不到的功能。

新媒体的功能可以通过新媒体呈现的特点表现出来。新媒体的特点是在同以往媒体形式相比较中得出的，综合学者对于新媒体特点的表述，可以从新媒体环境下的信息的传播者、传播方式、传播内容、传播载体进行概括。

首先，从信息的传播者方面来看，与以往媒体的传播者不同，新媒体的传播者不再局限于专门从事信息传播的工作人员，作为普通民众的一员，只要你懂得如何使用新的媒介工具，就可以成为信息传播者。

其次，从信息传播方式来看，以往的媒体在信息传播方式上是单向的，主要由信息传播者运用媒体介质对受众进行信息传播，而受众只是被动的接收者。新媒体却颠覆了传统的传播方式，由单向传播改为双向互动。

再次，从传播内容来看，由于传统媒体在进行信息传播时，要先由专门的部门对传播的内容进行审核，审核通过后才能进行传播，所以受众接收到的信息存在延时性。而新媒体传播具有即时性，其内容包含范围相当广泛，既可以与政治、经济、文化、军事有关，也可以与日常琐事、家长里短、娱乐八卦有关。由于这些内容无法得到及时审核和筛选，内容的真实性无法得到保障。

最后，从传播媒介来看，新媒体环境下最常见的媒介形式就是电脑和手机，然而随着科技的进步和更新，新媒体环境下的信息传播媒介不会只局限于电脑和手机。谷歌新研发的智能眼镜和苹果公司研发的苹果手表也具备连接网络的功能，并且将来也会不断出现新兴的信息传播载体。

新媒体正是具备了以上这些新特征，才对人们的生活产生了巨大的影响。

（二）新媒体的发展

网络与新媒体的快速发展加速了人们接受新事物的速度，更增强了人们了解世界的强烈欲望，我国的网民，尤其是接触手机即时通信的网民数量有很大的增长。而目前互联网的发展离不开新媒体的影响，可见新媒体环境下的互联网以及各类传播技术仍有相当大的发展空间，会给人类社会的教育、生产与生活带来更大的便利。

第一章　新媒体环境下大学生人文素质教育现状及发展

第一节　人文素质教育概述

百年大计，教育为本；国家兴亡，人才为基。国际的激烈竞争，归根结底是人才，特别是高层次人才的竞争，是教育的竞争。高等教育是教育的龙头，高等学校是培养高层次人才的基地。

教师不仅应该教给学生必要的现代科学技术和文化知识，以及应用现代科学技术和文化知识的能力，还要教学生如何做人、如何思考。我们要转变教育观念，改变人才培养模式，深化教学改革，而加强大学生人文素质教育就是其突破口。培养什么样的人，始终是教育，特别是高等教育的根本任务。人文素质教育在促进人才发展上有其特殊作用。

一、什么是人文素质教育

从生理学、心理学的角度来讲，素质是人生来所固有的特征。后来素质的概念被泛化了，指人一贯具有的基本品质或者潜能。素质是长期起作用的，因此学校要特别重视素质教育。

"人文"一词最早出现在《周易》"贲"（六十四卦之一）卦，"文明以止，人文也"，指修饰，修饰美，故曰"美在其中"。汉语"人文"与"天文"相对，人文是指区别于自然现象及其规律的人与社会的事务，其核心是贯穿在人们的思维与言行中的信仰、理想、价值取向、人格模式、审美趣味，即人文精神。"人文"一词在《现代汉语词典》中的解释为："人类社会的各种文化现象。"有学者认为，"人文"就是人类文化的简称，是人站在自身或者其他角度，用自己或别人提出的方法对世界中已知或未知存在的客观事物或现象进行理性思考而总结出的符合世界发展规律的、能被大众接受的主观知识点。中国自古以来有重视人文素质教育的传统。只有那些优秀的、能够升华人的精神、提高人的价值的文化才能被列入人文素质教育范畴。

所谓人文素质，是指由知识、能力、观念、情感、意志等多种因素组成的一个人的内在品质，表现为一个人的人格、气质、修养。人文素质教育，就是将人类优秀的文化成果通过知识传授、环境熏陶以及自身实践等方式，使其内化为人格、气质、修养，成为人的相对稳定的内在品质。人文素质教育的目的是引导学生学会如何做人，包括如何处理人与自然、人与社会、人与人的关系以及自身的理性、情感、意志等方面的问题。人文的信仰主要是指价值观、生命意义，如人们对真、善、美、正义、自由、平等、奉献等价值的追求。

二、人文素质教育的起源与发展

人文是一个动态发展概念，随着社会和科技的不断进步，其内涵和外延在不断丰富。人类、民族或种群所具有的共同符号、规范和价值取向就是文化，而文化的核心是价值观，主要内容包括习惯、道德、法律规范等。无论在西方还是在东方，无论是在中国还是在外国，人文作为人类文化的一种基因，作为一种朴素的习惯和意识，可谓源远流长。

伴随着历史进程，人类社会已经发生了深刻变化。人文革命——文艺复兴运动、科技革命——近代科学，相继诞生，并由此出现两大观念：一是人文观念——尊重人；二是科学观念——尊重规律。随后而来的是三个阶段的工业革命，人类社会更是因此而发生巨变。

人类社会在 21 世纪又发生了以信息化、知识化、民主化、全球化为标志的一场新革命。随着新媒体时代的到来，社会本身和人的社会地位都发生了根本性改变。从过去的"工具人和经济人"，发展到当今社会的"社会人和文化人"，不仅人类的个人价值得到充分承认，人和人的相互沟通、相互认同也能够顺利实现。

人文素质教育是指教育者针对受教育者进行的一系列实践活动和意识活动，是一种促进人性境界提升、理想人格塑造以及个人与社会价值实现的教育。人性教育是人文素质教育的根本，人文精神的涵养是人文素质教育的核心。人文素质教育迄今为止并没有一种确定且公认的定义，但通常认为其包括以下几种含义：一是人文主义教育；二是人文学科教育；三是关于"成人"教育。稍加注意就会发现，人文文化和科学文化具有统一性。培养人是教育的出发点，人文素质教育应该在价值观念方面确立人本位与社会本位的辩证统一观，注重基础性教育和专业性教育的融合一体性。人文素质教育的核心是涵养人文精神，这需要通过文化知识滋养、文化氛围陶冶、文化传统熏陶和人生实践体悟等多种途径逐步实现。

新媒体环境下，加强大学生人文素质教育、提高大学生的人文素质，已经成为我国高等教育面临的迫切任务。为此，我们必须大力健全大学的人文素质教育课程体系，提升教师的人文素养，全方位地加强校园文化建设。

三、人文素质教育的内涵

"人文素质教育"是当今教育理论界应用比较普遍的一个专业术语，尤其是 20 世纪 90 年代以来，"人文素质教育"一词的使用变得相当宽泛。然而，对于人文素质教育的内涵，国内外学术界并没有一个严格统一的概念。笔者通过对人文素质教育历史发展和演进的概括研究认为，人文素质教育的本质乃是弘扬人性，以人文精神为价值取向的教育。它以对学生主体性的尊重为前提，以个人潜能的最大发展为目标，以发展学生正确处理本我和自我关系、人己关系、物我关系的能力为目的，从而指导学生的行为朝着合人道、合规律、合人类共同利益的方向发展。

四、新媒体环境下对大学生开展人文素质教育的重要性

我国高等教育存在以下四个方面的问题：过弱的文化陶冶，导致学生人文素质不高；过窄的专业教育，导致学生的学术视野不宽、学术基础不牢；过重的功利主义导向，导致学生的全面素质培养与基础训练不够；过强的共性制约，导致学生的个性发展不足。知识的获得并不等同于心灵的升华，只重视知识的获取会失去生命的价值，失去人文的思考，这就是一种危机。

大学生素质教育的重点是加强人文素质教育，目标是提高大学生的文化品位、审美情趣、人文素养和科学素质，进而培养他们的人文精神。加强大学生人文素质教育是实现人类全面发展的需要。高等教育的人才培养要坚持"人文为魂"的教育理念。"人文为魂"是将大学生人文素质的培养和提升当作专业生存和发展的灵魂，旨在帮助大学生更好地认识自我、理解人生，在错综复杂的现代生活中找到人生的意义，树立正确的人生方向。

21 世纪世界各国激烈的竞争不仅体现在科学技术和经济实力的较量上，也体现在国民的文化底蕴、民族精神和精神文明水准的较量上。美国哈佛大学的塞缪尔·亨廷顿教授发表了一篇题为《文明的冲突》的文章，提出文化将是引起新世界冲突的主要根源。因此，我们不应该忽视西方腐朽文化对我们国民精神，包括大学生价值取向的

影响。在观念形态上不加选择地崇尚西方的文明，会导致民族自信心的失落与国家民族意识的淡薄，甚至走向价值标尺西化的道路。现在如果不把精神文明建设及人文素质教育放在更加突出的地位，就无法培养出具有崇高理想、正确价值取向、高尚思想道德素质且热爱国家的学生。

（一）大学生成长的内在动力

学生的素质包括思想道德素质、文化素质、专业素质和身体心理素质，其中文化素质是基础，而人文素质又是文化素质的核心。大学生的成长是这些素质的综合协调发展过程。要实现大学生的全面发展，人文素质教育是有效途径之一。在人的成长过程中，专业教育教给了学生"是什么""为什么"，实现了"能干什么"，但除此之外，学生更需要学会"应该是什么"和"应该如何做"。学生的成长不仅要依靠聪明的大脑，还需要高尚的人格。这些看不见的精神品质，是推动大学生发展的内因，为大学生的发展提供了无限的内动力。大学生要实现自身成长，成为未来社会的可靠建设者和接班人，不仅要有知识、有能力，更要有涵养、有品位、有情怀、有坚韧的性格。所以，大学生人文素质教育是大学生成长发展的助推器。

（二）大学笃行使命的回归

长期以来，素质教育一直是我国的人才培养目标。在马克思主义的"人的全面发展理论"指导下，结合我国实际国情，人才培养目标不断与时俱进，经历了从培养"德智体发展的劳动者""'四有'新人"到"德智体美劳全面发展的社会主义建设者和接班人"的发展。无论是《国家中长期教育改革和发展规划纲要（2010—2020年）》，还是党的十八大报告，均提出全面实施素质教育，提高教育质量。中华人民共和国教育部在《关于加强大学生文化素质教育的若干意见》中指出，加强文化素质教育工作，重点指人文素质教育，其目的是提高全体大学生的文化品位、审美情趣、人文素养和科学素质。为此，国家对人才培养，尤其是人才培养的"硬实力"和"软水平"的要求是显而易见的。然而，现阶段部分大学不自觉地卷入了实用主义洪流，以"快餐方式"批量生产实用人才。同时，学生本人和家长的急功近利，也进一步加快了大学实用主义的步伐，背离了高等教育的初衷及使命。大学培养的人才首先要会"做人"，然后才是会"做事"，要让大学生能"明明德"，能"亲民"，达到"止于至善"的境界，这样才是"国家的真正栋梁"。换言之，大学要培养的不是技术工匠，而是自由的、全面发展的人，是能够推动社会前进的人。因此，大学除了向大学生传输知识和技能外，必须进行人文素质教育，以提升其人文素养。强化人文素质教育，才能实现高等教育人才培养的本真目的，才能推进学校和高等教育的不断发展，才能完成学校肩负的人才培养使命。

（三）社会和谐发展的必然要求

天人合一、人与自然的和谐相处是绘有幸福生活的美丽画卷，当整个社会向市场化转型，带来了过度开发、资源紧缺和环境破坏等一系列并发症，这不得不让人们警醒——我们的人文情怀何在？

新媒体时代为人文素质教育提供了更多条件，也提出了更高要求。正如教育家、大学生人文素质教育先驱杨叔子曾指出："没有科学进步，人类将永远愚昧落后；没有人文素质教育，人类将坠入科技进步带来的文化黑暗及社会灭亡的深渊。"大学生是我国社会主义事业的建设者和接班人，必须将其自我价值实现与服务祖国人民相统一。只有强化大学生人文素质教育，提升大学生人文素质，大学生才能在人与人、人与自然、人与社会的和谐关系建设中发挥重要作用，才能挑起推进社会和谐发展的历史重任。

第二节　新媒体环境下大学生人文素质教育现状及需求调查

一、新媒体环境下大学生人文素质教育现状

长期以来，我国的高等教育过分强调科学教育的重要性，甚至以科学教育代替人文素质教育，导致我国的人文素质教育远远落后于西方国家，无法适应我国改革开放和经济社会发展对高素质人才的需求。因此，加强大学生人文素质教育，提高大学生的人文素质，已经成为我国高等教育面临的迫切任务。

自 1995 年以来，大学开始逐渐重视并实施人文素质教育，高等教育中专业教育过窄、人文素质教育过弱的现象得到了一定的改善。但是，高等教育"重理工、轻人文"的倾向仍然存在；在大学校园中，商业气息屏蔽人文氛围的现象比比皆是；大学生信仰危机和价值观迷失的问题也普遍存在。目前各大学虽然对于人文素质教育的重要性有一定认识，但在落实中存在诸多问题，如学校领导、教师和学生对人文素质教育的理解不到位，课程体系不够规范，学生及教师素养还需提高等。新媒体环境下教育管理者应该考虑学生到底需要什么样的教育模式，从大学生需求的角度探索加强大学人文素质教育的改革对策。

二、新媒体环境下大学生接受人文素质教育的主要途径

（一）人文课程

人文课程主要包括政治类公共必修课程和人文类选修课程。政治类公共必修课作为人文素质教育、通识教育的主阵地，无论是培养"通才"或是"专才"，其所能发挥的巨大作用是毋庸置疑的。选修课作为人文素质教育一个重要的补充方面，可以通过提供丰富多样的课程增强学生选择的灵活性与自主性，充分激发学生的学习潜能，以促进学生既全面又个性成长。

（二）教师的人文关怀及知识传授

在人文理念真正走入学生心灵，影响学生为人、处事的教育过程中，教师发挥着巨大的作用，其言谈举止、学术素养等都会影响学生价值观的形成。影响教师对学生进行人文素质教育的主要因素有：教师本人的人文素养、专业课上人文知识传授和师生互动交流中的人文素质教育。

（三）校园文化环境

校园文化环境影响大学生人文知识的积累及人文素养的形成。健康、高雅的文化环境对于大学生的成长起着不可低估的催化作用。大学校园文化的主要载体有图书馆、人文知识讲座、学生活动、社会实践和宣传教育媒体等。

三、新媒体环境下大学生对人文素质教育的需求

本书选取温州某大学 25 个专业的 900 名学生作为研究对象，采用问卷调查法和访谈法进行抽样研究，旨在分析新媒体环境下大学生对人文素质教育的需求，进而针对其需求与受教育现状间的矛盾，对大学生人文素质教育提出建设性的建议和对策。

（一）对公共必修课程的需求

公共必修课知识体系较完善，能够发挥人文素质教育主渠道的作用。因此，部分大学生认为其教学内容有待进一步扩展、完善，如将艺术、文学、历史学类的课程纳入公共必修课。

（二）对人文类选修课程的需求

多数大学生认为现有人文类选修课在教学质量、课程种类等方面不能较好地满足他们的需求，希望能够增加文史哲类的选修课程。其中女生对艺术类课程的兴趣高于男生，对于理工类课程的兴趣要低于男生。

（三）对教师的人文关怀及知识传授的需求

许多大学生对于教师的人文素质持积极的肯定态度，认为公共课教师和专业课教师均具有较高的人文素养，因此多数大学生希望专业课教师能多在课程上渗透社会热点话题、交往艺术、文化历史、哲学思辨方面的内容。

（四）对校园文化环境建设的需求

图书馆能满足各年级、各专业大学生的基本需求，但大学生对于高质量人文讲座的需求仍较为突出。对于校园文化活动，多数大学生认为大部分校园文化活动都流于形式，没有文化内涵。对于社会实践类活动，多数大学生表示很感兴趣，但是缺乏经验和参与渠道，其中女生认为很感兴趣但缺乏实践渠道的比例要高于男生；男生对于此类活动持消极态度的比例要略高于女生。人文社科类的大学生的实践行为及态度要好于自然科学类的大学生。

第三节　新媒体环境下大学生人文素质教育面临的问题及挑战

一、新媒体环境下大学生人文素质教育面临的问题

（一）教育理念的问题

当前部分大学未能充分重视人文素质教育，在人文素质教育方面的投入不足，不少学校未能形成完善的人文素质教育理念与管理体系，存在人文素质教育理念陈旧、人文素质教育方式较为传统落后、人文素质教育过于功利等问题。一方面学校在人文素质教育方面的投入相对有限，未能形成完善的人文素质教育资源供给机制，进而不能科学地整合人文素质教育力量，不利于校园内形成丰富的人文活动机制；另一方面部分大学执着于就业率，存在重分数、轻能力，重视专业素养、轻视人文素养的问题。当前不少大学毕业生虽然掌握了丰富的专业技术知识，但是不懂得调节身心，无法与他人及社会保持良好的互动关系。

（二）教育内容的问题

人文素质教育建立在一定的人文基础知识之上，强调通过有效的教育方式影响学生的知识、能力、观念与意志力，注重综合多种因素开展人文素质教育工作。但是部

分学校开展的人文素质教育只停留在表层，人文素质教育缺乏深层次的内容，或者人文素质教育只重视理论知识的传授，缺乏必要的沟通。当前不少大学存在着只重视人文知识的传授，注重开设一系列人文知识为主体的选修课程，而不注重对大学生人文行为养成的教育，不能根据学生的兴趣爱好组织开展丰富的礼仪教育、艺术赏析教育、人文实践活动等问题。还有的人文素质教育课程过于概念化、形式化，只注重表现浅层次知识的灌输，在教学过程中未能围绕着学生感兴趣的热点文化现象进行分析，不能结合大学生的日常思想需要进行有效的情感沟通。因此，这些问题不利于培养学生的人文素养，未能达到提高学生思想品质的目标。

（三）教育主体的问题

在新媒体环境下，大学由谁来进行人文素质教育是个重要问题。有些大学认为人文素质教育应当通过规范的课堂活动进行，还有一些大学认为人文素质教育应当成为教师的主要工作，这也导致不能有效地开发和完善人文素质教育体系，导致学生的自主教育、社会教育等资源不能得到充分的发挥。一方面，一些专业课教师不认为自己有义务在专业教学中培养学生的人文素养，未能有效地挖掘人文资源并结合专业知识组织开展人文素质教育；另一方面，教师在管理学生时不注重从情感上打动学生，不能优化人文素质教育制度，多使用较为强烈的约束机制。

（四）评价机制的问题

部分大学在人文素质教育方面缺乏科学的评价机制，不能有效评价人文素质教育的开展情况，不能根据学生的需要有针对性地实施人文素质教育工作，因此影响人文素质教育的效果。首先，部分大学未能形成完善的人文素质教育反馈机制，不能有效收集人文素质教育工作的信息，人文素质教育的过程中往往重视以考试方式评价学生的人文素养，不注重采用学生自评、师生互评的方式开展人文素质教育的评价工作。其次，部分大学现有的人文素质教育考评以客观评价为主，没有采用信息化的方式有效征求学生的意见和建议。最后，新媒体环境下缺乏多样化的人文素质教育评价机制，现有的人文素质的评价方法不利于广泛了解学生的需要。

二、新媒体环境下大学生人文素质教育面临的挑战与机遇

自 1995 年召开加强高等学校文化素质教育试点工作研讨会起，我国大学文化素质教育经过了试点探索、实施推广和普及提高三个阶段，在理论研究和实践探索方面都取得了显著成效。然而，对当前大学生人文素质教育质疑的声音仍不绝于耳。从无形的文明素质和精神世界来看，社会上、校园里，交往中、独处时，大学生依然无法

摆脱芜杂、喧嚣与迷茫的纠缠。部分大学生有知识却没有文化，有高智商却没有智慧，有能力却没有素养，有成就却没有诚信。存在当前的状况，并非某一方的责任，但我们的大学生人文素质教育需要反思。综观当前各大学开展的人文素质教育，不外乎有课程教学、校园文化、社会实践等途径。事实上，这些教育途径本身是没有问题的，然而，如果在使用过程中只是一味地采用外在的、灌输式的教育方式，就无法发挥这些途径的价值。因此，以何种思想为指导开展大学生人文素质教育，成为迫切需要解答的问题。回归"以人为本"理念，从学生角度出发重构大学人文素质教育，是当前大学人文素质教育的不二选择。

（一）建构主义理论为大学生人文素质教育提供了思想指导

建构主义认为，知识不是通过教师传授得到，而是学习者在一定的情境，即社会文化背景下，在其他人（包括教师和学习伙伴）的帮助下，利用必要的学习资料，通过意义建构的方式而获得。由此可以看出，学习过程是学生主动选择、加工、处理外部信息，并把当前学习内容与已知事物建立联系的过程。在建构过程中，对于学生而言最关键的因素是学习的主动性、知识建构的主动性；对于教师而言，最重要的是激发学生的学习兴趣，创设符合教学内容要求的情境，提供新旧知识之间联系的线索，帮助学生建构当前所学知识的意义。人文素质教育重在提高学生的涵养，使学生形成行为自觉，使学生能够主动探索、主动分析、主动建构、主动实践、主动升华。因此，大学生人文素质教育必须将学生置于主体地位，必须将学生受教后的思想和行为变化作为关注重点，这是开展大学生人文素质教育的逻辑起点。

（二）个体的高级行为模式为大学生人文素质教育创设了心理基础

从心理学角度讲，"知""情""意"是构成人的高级行为的三个基本要素，知道怎么做，知道做的目的，具备做的心理环境与外部条件并愿意做，能克服做的各种困难，这样人的高级行为就能保持正确、持续的产生与发展。同一对象的不同行为，不同对象的同一行为，同一对象在不同环境中的同一行为，其行为的各构成要素的完整程度都有可能不同。个体的学习行为也不例外。开展大学生人文素质教育，首先要让大学生知道如何接受人文素质教育、接受人文素质教育的目的是什么，使大学生的"学习行为"指向"目标"，做到"知"。同时，引导大学生形成积极的"情"，树立坚强的"意"。只有当大学生对人文素质学习及客观环境产生积极的态度体验，才能克服困难，不断调节和支配自己的行为，实现提升人文素质的目标。反之，学生则产生负性体验，缺乏意志力，进而终止学习行为。

现有的大学生人文素质教育主要是校方主动给学生安排相应的课程、组织各种活动、策划各种实践等，学生不清楚自己为什么要学习人文知识，因此学生在接受这些学习时处于被动状态，仅仅处于识记式的知识学习层面，属于浅层次学习，其学习效果也就可想而知了。所以，在开展大学生人文素质教育过程中，教师不应是人文知识的简单传递者，应该是学生人文素质学习的促成者，需要给学生讲明"是什么"和"为什么"，使学生接纳，并激发学生的学习动机，实现学生对人文素质教育的"知情意行"的协调统一。只有学生行动起来，大学生人文素质教育才能顺利推进；只有学生的人文素质学习实现"知情意行"统一，大学生人文素质教育才能实现其目的。

（三）学生个体差异对大学生人文素质教育提出了直接要求

学生个体千差万别，每个人都有自己的一套认知图式，这套认知图式可以形成个体的缄默知识，能对学生个体所接受的人文素质教育产生强大的反作用。这反作用可能是正向的，也可能是反向的，并且这种反作用一直"默默"地存在，只是不被知晓罢了。所以，如果大学生人文素质教育只是一味自上而下地要求、规定学生，而忽视学生的主体作用，那么其教育效果就是不尽如人意的。人文素质教育应该考虑不同类别学生和不同层次需求学生的差异。不同类别的学生对人文素质教育的理解和需求各不相同，比如，对文科类大学生要加强自然科学方面的教育，对理工科类、经济类、军事类等大学生要加强文学、历史、哲学、艺术等人文社会科学方面的教育。同样，不同层次需求的学生也呈现出对人文素质教育需求的差异，有的学生可能将自己置身于世界之中，希望具有世界公民的胆识、责任与担当，而有的学生只求对现实生活的理解，希望过普通人的生活。如果不考虑学生群体差异和需求层次差异，学生在接受人文素质教育时要么要求太高而遥不可及，要么要求太低而索然无味，要么文不对题而被拒之千里，这都不是开展人文素质教育的理想状态。归根结底，大学生人文素质教育需正视学生的差异性。

综观上文所述，要提升大学生人文素质教育效果，应将学生作为焦点。新媒体环境下大学生人文素质教育需要改变当前这种只从教师的"教""给"的角度出发实施大学生人文素质教育，改变这种单向度的、学生被动接受的、由上至下的教育方式，而从学生角度出发，回归"以生为本"理念，让学生成为人文素质教育的积极参与者、践行者与创造者。建构主义和个体高级行为模式理论告诉我们，大学生人文素质教育最终需要落实到培养学生的文明素养和行为自觉，学生的个体差异决定了人文素质教育需要提供不同类别的教育内容。换言之，新媒体环境下大学生人文素质教育应该体现层次与类别需求。

第二章 新媒体环境下大学生人文素养教育体系的构建

第一节 新媒体环境下大学生人文素质教育分析

一、人文素质教育学原理分析

（一）人文素质教育是社会实现人本转变的必行之路

从本质上说，人文素质教育学理论其实是一种思想转变的形式。当前人文素质教育工作中存在的根本问题就是社会本位的影响，这也是我国人文素质教育与其他教育先进国家存在差异的主要原因。传统的教育工作具有鲜明的功利性特征，多将教育工作看作实现团体利益以及政治利益的一种简便方式，而人文素质教育就是突破传统教育目标的一项教育内容，其本质上是在为社会的进一步发展提供助力，在开展过程中所体现的出发点是建立在个体发展目标之上的。如果实现了人文素质教育工作的进步，则社会、经济本身也会迎来较大的发展。所以开展人文素质教育工作的目的就是实现个人的进步与发展。而我国传统教育工作却将教育工作的目标建立在社会功能的基础之上，缺乏人本特征，限制了学生的发展。

人文素质教育开展本身就是为了使学生在受教育过程中不仅得到理论知识方面的提升，还能获得思维品质的提升，使学生能不断地实现自我情感和自我品质的完善。因此，要实现现代社会向着人本方向的不断转变，就更应当不断地在高等教育中深入贯彻人文素质教育，在人的思想上开展教育工作。

（二）人文素质教育是建立在对人的深入认知基础之上的

人文素质教育学理论中最根本的理论认知就是将学生看作"人"，进而展开人的教育。这里的"人"是指社会关系的总和。我国属于社会本位属性的国家，在进行"人"的理解时可能会将其看作一个统一的社会体。通常情况下，生命体都被分为"实我"

与意识层面的"我"两种形式，即"我我关系"与"他我关系"的构建。而新媒体环境下大学生人文素质教育工作中应当将重点放在"我我关系"的思考层面，以免大学生的个人需求不被重视或者被笼统地归纳进社会需求层面之中，从而造成大学生低估自身水平的情况出现。

人文素质教育从本质上实现了对社会、经济以及人的考虑，强调的重点是科学、社会的发展，表现出强烈的人文特色。各大学在开展人文素质教育工作时，并不能仅仅依靠显性教育形式，还应当将隐性教育代入实际工作中。

人文素质教育既是新媒体环境下社会不断地向人本转变的必行途径，也是在加深对"人"的认知与探索之后建立的重要学科。只有不断加强对人文素质教育学的深入研究，才能进一步实现人文素质教育工作在教育中的不断推进。

二、新媒体环境下大学生人文素质教育的特点

（一）人文素质教育要求的层次性

人文素质教育内容包含了人文知识的储备、人文方法的运用和人文精神的内化，包括基础知识、价值与观念和行为三个领域的目标，可分为精神形态和知识形态两个方面。由此不难看出，人文素质教育包含了三层含义，即人文知识、人文精神和人文习惯，这三者存在递进关系。人文知识是第一层次，是基础，学生需要积累丰富的人文知识；在此基础上，学生需形成人文观念，具有人文情怀，这是第二层次；人文素质教育的最终目的是将所学知识、所形成的观念内化于心、外化于行，形成行为习惯，这是第三层次。目前，大学生人文素质教育主要停留在人文知识学习层面，使用的方法主要是灌输和传授。要想改变这一现状，教师就需要在人文知识学习、积累阶段，采取教授、启发、引导相结合的方式开展人文素质教育，让学生对人文素质教育的内容和目的"知"之，进而形成积极的"情"和坚定的"意"，最终"行"之。大学生人文素质教育绝不只是知识性传授教育，还需升华至人文情感养成教育和人文自觉行为教育，只有认识到大学生人文素质教育的层次需要，才能正确把握人文素质教育目的，才能在实施过程中指引人们选择恰当的教育方法和评价标准。

（二）人文素质教育内容的差异性

差异性是指大学生人文素质教育应该考虑给不同类别的学生和不同层次需求的学生提供不同的学习内容。当然，不是给每一名学生定制一套人文素质教育方案，因为这是不切实际的，而是要从横向关照不同类别的学生群体，如理工科类学生与文科类学生；从纵向关照不同层次需求水平的学生群体。不管哪一类别的学生，都需要积累

人文知识，只是内容可以有所侧重，以满足其差异性需要。事实上，这也体现了各大学之间人文素质教育内容侧重点的差异和培养层次的差异。

三、新媒体环境下大学生人文素质教育的原则

（一）普适性与针对性相结合原则

普适性是指大学人文素质教育的总指导方针，是适合我国大学人文素质教育的指导思想，可推动大学人文素质教育迈向新阶段。针对性是指各大学根据自身学校的传统和教育教学实际，制订符合学校人才培养目标的人文素质教育培养方案。普适性与针对性体现了不同的范围要求，前者涵盖了对全国大学人文素质教育的总体要求，后者是对各个大学的具体要求。普适性与针对性相互关联、相互作用。如果没有统一要求和纲领进行指导，我国的大学人文素质教育就会出现各自为政、杂乱无章的现象；如果完全不顾各大学的实际情况，大学人文素质教育就只能流于形式，无法落实。

（二）规定性与张力性相结合原则

大学制订本校大学生人文素质教育方案应遵循规定性与张力性相结合的原则。规定性是指各学校的人文素质教育应当有统一要求，张力性是指各学校的人文素质教育要有一定弹性，即学校的人文素质教育培养要满足共性与个性需要。一方面，学校在制订大学生人文素质教育的课程教学、实践等环节时，要根据学校的人才培养目标，制订统一的人文素质培养要求，构成必修环节；另一方面，方案设计中又应留给学生足够的自由选择空间，学生可根据自己的专业、个性特点以及今后的发展规划，选择不同的人文素质教育内容，与必修环节一起构成自己的人文素质培养体系。这样的人文素质教育培养方案既可以把握学校的总体人文素质教育方向，又可以满足不同层次、不同专业、不同个性特点的学生的需要。

（三）表层性与深层性相结合原则

表层性与深层性相结合原则是大学生人文素质教育层次性的直接体现。表层性即浅层性，这里理解为人文素质教育的知识教育。深层性即学生对所传授的人文知识的积极接纳，并形成与之匹配的惯常化行为。表层性与深层性是一种递进关系，前者是基础，后者是深化。因此，高等学校应当通过人文素质教育促进学生完成从人文知识的积累（表层性要求）向人文情怀形成和人文行动养成（深层性要求）的转化。大学生人文素质教育必须把握大学生人文素质教育的真正价值，并随之转变实施策略和评价标准。

（四）人文素质教育的生活化原则

人文素质教育的生活化原则有两方面含义。一是大学生人文素质教育不只是在课堂、课外活动、社会实践中进行，而是随时随地都发生着，教师和学生的言行、校园环境、学校制度、管理理念等都可能成为人文素质教育的内容和方法，浸润着学生人文素质的养成。这样，大学生人文素质教育就置于有形的、精心组织策划的教育与无形的、随意性的精神熏陶的共同作用之下，生活已成为人文素质教育的舞台。二是大学生接受人文素质教育后的行为生活化、日常化。接受人文素质教育，不是将知识呈现在试卷上，也不是储存于脑海里，而是在积累人文知识的基础上，学会运用人文方法，内化人文精神，形成积极、正向的情感体验，成为个体成长的精神内动力。在这一原则指引下，大学生人文素质教育不再是"知识殿堂"，而是大学生的生活伙伴，是大学生人文素质教育的真实境界，也是最高层次要求。

第二节　新媒体环境下构建大学生人文素质教育体系的有效策略

素质教育的核心是人文素质教育。人文素质教育是一项系统工程，只有从转变教师角色、强化人文学科建设、创新教学模式，构建人文素质教育平台、革新考试评价制度、加强实践环节等多方面入手，才能实现人文素质教育的目标。

新媒体时代的人文素质培养体系是指在新媒体环境下，遵循素质教育的特点和规律构建的全面培养学生人文素质的体制或系统。在新媒体领域，推进人文素质教育是一项系统工程和创新工程，它不仅符合素质教育的本质要求，也是培育终身学习理念和构建学习型社会的时代要求，必将大大提高素质教育的效果和质量。

一、更新教育观念，转变教师角色

大学教师应当理解素质教育的本质，树立素质教育新理念。新媒体环境下人文素质教育的大众化、多元化、网络化特点，对教师素质提出了更高的要求。素质教育的本质是人人享有终身接受教育的权利，这不仅意味着教育对象的开放，更重要的是教育观念、教育资源和教育过程的开放。因此，素质教育应该凸显以人为本的教育理念，以促进人的全面发展为己任，教师在开展课堂教学时不仅要重视知识的传授和技能的培养，更应注重学生人格的锻造和素质的提升。

为适应新媒体时代的人才需要，教师应当探索人文素质教育的新方式。教师应当探索人文素质培育的方式方法，明确教师的角色定位，实现教学方式的转变，调整自己的知识结构，具备全面的职业素养。教师力求做到既能从事理论课或文化课的教学、传授工作，又能从事技能训练的教学、指导工作；既是教育教学活动的"组织者"，又是启发学生成长成才的"引导者"。

教师应以人文素质教育为己任，提高自身素养和修为。大学生的人文素质教育是每一个大学教师的职责。在课程的教学活动中，教师应当避免功利主义的思想，弘扬教书育人的理念，把人文素质教育的思想贯穿始终，在日积月累的教学活动中、在春风化雨的潜移默化中，提高学生的人文素养。

二、变革培养规划，强化人文学科建设

新媒体是一种多层次、多规格、多功能、多形式的创新技术，具有内容新颖、观点活泼、时代性强、教材更新快等特点。因此，新媒体环境下的大学生人文素质教育应特别强调理论联系实际，集适用性与艺术性为一体，把素质教育的理念贯穿其中，做到理论与实践并重，技术与素质并重，知识与能力并重。因而，根据专业的需要，调整专业知识结构，明确人文素质教育的目标，强化人文素质的培养，大有必要，大有可为。

人文素质教育的最高目标在于满足学生个人发展的需要。首先，大学教师要树立"以人为本、全面发展、人文见长"的现代教育观，深入探讨学科的课程性质、学科内涵、研究范围，系统研究学科的教学目标、教学内容、课程安排，积极探索学科的教学方法、教学手段、教学效果。进而通过学科建设，丰富学科内涵，凝练学科方向，培育学科特色，实现人文学科的跨越式发展。其次，人文素质教育要实现文理贯通，学校要充分发挥自身办学优势，抓好学科交汇，促进文理渗透，实现学科融通。特别是在一些理工科专业，在教学计划中实现与其他学科的沟通和融合，是十分必要的。

通识教育作为一种广泛的、非专业性的、非功利性的基本教育，应该着眼于学生的全面发展，而不仅仅是知识、技能的获得。通识教育在人文素质教育中发挥着特殊的作用。通过通识教育可以赋予受教育者健全的人格、高尚的道德水平、科学的价值观及世界观。通识课程除了可以设置在文学、历史、哲学、艺术、思想、政治、道德等传统人文学科，还可以根据不同专业的需要，结合培养目标，设置在管理学、经济学、社会学、心理学、法律学、写作学等学科。

选修课是人文素质教育体系的重要组成部分，选修课能拓宽学生的知识面，完善

学生的知识结构，培养学生的创新思维能力，强化学生的个性优势，提高学生的综合素质。大学在开设选修课程前，应该做好供求分析、加强选课指导、扩大课程范围、减少选课限制、给足选择空间、丰富课程资源，使学生通过选修课的学习，获得德智体美劳的全面发展。

三、创新教学模式，开拓人文素质教育思路

教学模式是指在一定教学思想或教学理论指导下建立起来的较为稳定的教学活动结构框架和活动程序。多媒体及网络技术的飞速发展，带来了素质教育教学模式的改革和创新。教学模式改革，是当前素质教育发展中的一个重点和热点问题。如何全面引入素质教育的新理念，如何带来人文素质教育的进步，如何实现专业教育与素质教育的结合，是值得深入探讨的问题。

素质教育就是把所学的知识内化为人的内在品质，这种品质又可以外化为人格、知识和能力。素质教育从本质上说是一种主体性教育，是提升人性、优化人的本质，塑造自由个性和健全人格的教育。素质教育在内容蕴含、方式方法上，都有别于普通技能的教育。人文素质教育的实质不是知识性、技术性、实用性、时尚性，而是精神性、智慧性、潜隐性、久远性。人文素质教育不能靠"灌输"，而要靠"熏陶"。

新媒体环境下，人文素质教育应当充分发挥网络的作用和多媒体教学的优势，充分激发学生学习的主动性，构建一个全课程育人、全过程育人、全方位育人的人文素质培养体系。通过教学模式的改革，在人文素质教育中真正达到丰富课程教学内容、调动学生学习兴趣、激发创新思维能力、提高教育教学的效果。

四、发挥网络优势，构建人文素质教育平台

新媒体环境下的大学生人文素质教育是建立在由数字技术、网络通信技术、计算机多媒体技术等组成的现代信息技术平台上的一种教学模式。教育技术的先进性、教学手段的多样化是其突出特色。充分利用网络技术优势，创建校园网平台、教学互动平台、自主学习服务平台、校园文化活动平台，开辟素质教育的园地，营造人文素质教育的氛围，是必要的，也是可行的。

培养学生的人文精神，不能只依靠学生通过自身人文知识的积累和实践去内化、提升，校方还要给学生创设人文环境，通过创设具有浓厚文化气息的校园氛围，对学生进行耳濡目染的熏陶。首先，大学应当加强数字图书馆建设，营造网络环境中的文化氛围。数字图书馆集合了图像、文本、语言、音像、影像、影视软件和科学数据等

多媒体信息，可提供多种多样的人文素质教育素材，查询、检索、阅览十分方便，它所具有的存贮数字化、传递网络化、服务知识化、资源共享化等特征，是传统图书馆不可比拟的。其次，大学应当积极建立素质教育网，开辟网上人文素质教育基地。学校可以充分发挥网络的优势，开辟人文知识丰富、阅读浏览方便、视觉效果美观、学生乐于接受的人文素质教育资源支持系统。最后，大学可以创建网上师生互动平台，实现师生的交流与沟通。网上互动平台完全可以提供高效、快捷的网络实时交互环境，比起传统的师生交互形式，网上互动具有省时省力、方便快捷、节约资源等优势。师生之间的有效交流可以促进师生之间的相互了解，实现人文素质教育的教学相长。各大学应当充分利用网络技术的优势及多媒体教学的长处，提高人文素质教育的效果。

五、革新考试制度，创立科学评估体系

考试是教育的指挥棒，是教学的指南针。考试制度的改革，必然促进人文素质教育的革新。人文素质教育的考试改革应遵循拓宽知识、培养能力、提高素质的原则，通过一系列的改革，构建一个侧重发展、侧重综合、侧重过程的考试体系，这对强化人文素质教育，弘扬人文精神，培养技术应用能力强、人文素质高的人才，大有裨益。

值得一提的是形成性考核。形成性考核是人文素质教育教学质量保证体系的重要组成部分，是强化素质教育、加强教育过程管理、反馈学习信息、改进课程考核方式方法的重要措施，是科学测评学生学习效果、促进学生自主学习、提高学生综合素质和能力的重要途径。将形成性考核的方法应用于人文素质的测评，既可以启发教师在人文素质教育中循序渐进、注重教学过程，也可以激发学生在提高人文素养方面的主动性，进而提升其学习效果。

人文素质的评价是教学评价中的一个难题，只有解决了考核客观性、公正性、准确性的问题，才能保证考核的科学性、激励性和指导性。在素质教育实践中，需要不断完善人文素质评估内容和评估手段，如在测评内容上，将学生在参加各种社会实践、文化社团、文体活动、艺术竞赛、演讲比赛及人文社科类知识竞赛时所取得的成绩和表现，作为学生人文素质的评价依据等。

六、加强实践环节，打造人文素质教育基地

组织实施集中实践教学环节，是素质教育的一大特色。实践性教学环节是素质教育的重要组成部分，是实现培养目标、提高学生实践应用能力和综合素质的重要手段。大学生人文素养的培养不仅需要人文知识的学习、积累、积淀，更需要在丰富多彩的

实践中升华，在生动具体的情景中熏陶。

实践性教学是一项系统、复杂而繁重的教学任务，要取得良好的效果，就要做到教学设计周密、教学目标明确、教学组织认真、教学监控得当。实践性教学环节可以是多种多样的，既可以是论文写作、毕业设计、课程实验、社会调查，也可以是参观游览、科学考察、技能大赛、专题研讨、现场模拟、宣传咨询、案例分析、书画展评、歌咏比赛、名家讲座、主题征文等。学生通过与自然、与社会、与他人的广泛接触，产生对自然的热爱、对社会的责任感、对他人的尊重，从而使学生的科学精神与人文精神达到协调统一。

素质教育的实践性教学环节主要包括课程实践性教学和集中实践性教学，无论是哪种形式的实践活动，都应遵循素质教育的规律、结合专业课程的特色、根据人文素质教育的需要开展形式多样、注重能力、讲求实效的实践活动。

新媒体环境下素质教育事业方兴未艾，发展迅猛。素质教育作为一项系统工程，前景广阔，任重道远。人文素质培养体系的构建必将推进素质教育的有效开展，必将深化远程教育的全面改革，为社会培养更多复合型的人才，从而有效提升素质教育的质量和水平。

第三节　新媒体环境下加强大学生人文素质教育的建议及对策

通过调查研究大学生人文素质教育的现状及需求，笔者认为加强当代大学生的人文素质教育应该从以下几方面着手。

一、完善人文课程

在高等教育中，人文素质教育与人文课程是密不可分的，人文素质教育的价值属性需要通过课程来实现。在当今的大学教育中，课程是大学教育质量和特色的基石，比专业更基本、更关键、更重要。因此，人文课程的设立和完善对加强大学生人文素质教育尤为重要。

（一）构建科学的人文素质教育课程体系

首先，要给人文类课程以足够的重视和充足的学时。大学本科生的课程主要由公共必修课、专业基础和必修课、专业选修课和公共选修课几个模块组成。笔者认为包括政治思想教育类、历史类、体育、外语、计算机类课程在内的公共必修课，以及文学、艺术、科学、教育等课程，总计学时不应少于大学四年总学时的 28%。

其次，在设计具体课程时，既要体现综合大学文理科之间的差异，又要综合考虑各学科类别的学生所具有的不同的知识基础对大学生人文知识构建和科学精神培养的潜在影响。

（二）促进专业课程教学中人文素质教育的渗透

在课程设置过程中，人们往往将人文素质教育与科学教育完全隔离，阻断了人文素质教育在科学教育专业课程中的有效实现。随着人文素质教育研究广度和深度的不断提高，越来越多的人意识到人文素质教育的实现需要加强与科学教育的有效结合，实现人文知识在专业课程中的渗透。19 世纪初，美国博德学院的帕卡德教授在为《北美评论》撰文时曾写道："我们学院预计给青年一种共通的教育，一种古典的、文学的和科学的，一种尽可能综合的教育，它是学生进行任何专业学习的准备，为学生提供所有知识分支的教学，这将使学生在致力于学习一种特殊的、专门的知识之前对知识的总体状况有一个综合的、全面的了解。"现阶段我国大学素质教育仍有很大的不足，不能真正满足人文素质教育发展的要求，因此只有加强通识教育意识，在专业教育中融入人文素质教育，才能让学生在潜移默化的过程中提高人文素质。

（三）推进人文素质教育课程教学内容与方法改革

针对大多数学生希望教师能避免"一言堂"模式的教学，在课堂中多设置有趣活动的学习需求。笔者认为有必要推动人文素质教育课程教学内容和方法的改革。

首先，在人文课程教学内容的选取上，要注重人文方法的传授。人文方法是指人文思想所蕴含的认识方法和实践方法。人文方法表明了人文思想是如何产生和形成的。学会用人文的方法思考和解决问题，是人文素质的一个重要方面。科学方法强调精确性和普遍适用性，而人文方法强调体验，且多与特定的文化相连。人文素质教育的范畴和内容应当涵盖社会科学的大部分，如文学、艺术、历史、政治、法律、音乐、美术等。人文课程教学内容在与时俱进的同时，也应该具有永恒的、不变的经典部分。

其次，在教学方法改革上，要加强课堂教学方式改革以及课外文化素质教育实践基地建设。教师在课堂教学中必须带有亲和力，不能"独断专政"，要让学生有一定的自由度。教师应当充分调动学生的兴趣，使他们参与到课堂中。另外，教师应当整合各方面的因素，对练习和延伸拓展进行优化设计，这样的课堂才有活力、有智慧、有情趣，才能真正让学生成为学习的主人。

最后，应当积极建立大学生文化素质教育基地。教师可以充分利用境内丰富的历史文化资源，组织学生开展历史文化考察和民间文学采风活动等实践活动，鼓励学生申报与地方历史文化相关的研究性课题，并在教师的指导下形成研究成果。从而促使学生在丰富多彩的地方文化实践活动中感悟中华文化的人文精神与人文力量，促进人文知识对学生心灵的渗透，让学生受益终身。

二、提升教师的人文素养

转变教育观念是加强人文素质教育的基础，改革、完善教学体系是加强人文素质教育的根本手段，而提高广大教师的人文素质是加强人文素质教育的首要前提。

教师的人文素养就是教师所具有的人文精神及教师在日常活动中体现出来的思想、道德、情感、心理、性格和思维模式等方面的气质和修养。教师人文素养的提升，要求教师自身要不断地加强人文知识的学习，并且要具备在实践活动中能够广泛应用人文知识的能力。

学生普遍希望教师在传授专业课知识的同时渗透一些社会热点话题的信息，还有相当一部分学生希望教师传授一些人际交往、公关礼仪等方面的知识。据此笔者认为，全面提高师资队伍的人文素养，从以下几方面着手更为有效：

（一）优化教师的人文知识结构

由于我国院校长期以来实行重"专业"轻"基础"的人才培养模式，教师只重视专业知识的要求，而忽视了对其他专业知识的掌握和了解，因此存在大学理工类教师的人文素质相对较弱、文科教师的科学素养相对较低的现象。教师文理不能兼通的局限，使学生既不能在科学教育中充分感受到人文的熏陶，也无法在人文素质教育中体会到科学的力量。为此，加强学科专业间的相互交叉、促进不同专业教师间的相互交流，已成为学校专业人才培养中一个亟待解决的问题。所以教师应当努力完善自己的知识结构，既要关注社会热点现象，也要注重优秀的文化传统学习。只有"完整"的教师才能培养出"完整""健全"的学生。

（二）强化教师的责任意识

人文素质教育不仅仅是"交际礼仪"或"音乐鉴赏"，而是应当引导学生懂得人类社会的价值，包括生存的价值、社会的价值、美学的价值等。进而通过这些价值导向作用，使学生成为有个性、有思维、有境界的人。这就要求教师在教学工作中要有高度的责任感和敬业精神，能够做到身体力行，不断增加自己的人文知识，持续提高自己的业务水平。

三、加强校园文化建设

校园文化是学校物质文化和精神文化的总和。由于学校是教育人、培养人的地方，因而校园文化一般取其精神文化之含义。即学校共同成员在学校发展过程中，逐步形成的包括学校最高目标、价值观、校风、传统习惯、行为规范和规章制度在内的精神文化，以及校园建筑、校园景观、绿化美化等物质文化。其中以精神文化为第一要义。因此，校园文化是师生精神风貌、思维方式、价值取向和行为规范的综合体现。它在一定程度上彰显了学校的发展理念与发展特色。可以说，改善校园文化环境是加强人文素质教育的重要途径。

校园文化是全校师生共同的价值观念、文化传统与精神面貌的体现，是大学素质教育和精神文明建设的重要组成部分，是一个大学的灵魂所在。高品位、高层次的校园文化建设，会使大学生受到健康、先进的文化气息的熏陶和感染，在潜移默化中提高自身的思想道德素质和文化底蕴。因此，倡导什么样的校园文化，如何加强校园文化建设，是一个常在常新的话题。大学生综合素质的提高，良好学风的形成，都需要良好的校园文化。

（一）开展"名著阅读"活动

大多数学生认为图书馆的人文类书籍能较好地满足他们的需求，但是仍需丰富。大学图书馆应该在丰富人文社科类书籍的同时，开展"名著阅读"等活动，以提高学生阅读人文经典著作的兴趣。

（二）提高校园文化活动质量

目前，大多数学生认为校园活动流于形式，并无文化内涵。针对此类现象，学校方面应加强校园文化建设：一是增加高质量人文类讲座的举办，让学生有更多的机会与大师接触、与名家接触，体悟人文精神之美；二是开展健康向上、格调优雅、内涵丰富的学生文化活动，对学生会、社团等组织的活动严格把关，防止活动过滥、过杂、过吵，坚决杜绝"形式主义"。除每年暑期各学院、社团组织的实践活动外，建议各学院增强实践基地的建设，让学生能够在暑期获得学习实践的机会。

（三）提升校园"软""硬"件水平

学校是育人场所，因此在校园建设中要充分体现人文关怀，着力营造书卷气息和儒雅氛围，为人文素质教育提供良好的外部环境。为此，学校应当做到：一是要精心设计，构建绿化、美化、知识化的校园环境；二是要与时俱进，倡导开拓、进取、创新的人文环境;三是要以人为本,优化发展个性、培养特长的活动环境。

　　人文素质教育不仅关系到大学生个体价值观、人生观和独立精神的培养与发展,也事关全社会的价值取向和发展,对于塑造一个民族独立自主、自强不息的精神,持久旺盛的生命力,团结一致共同奋进的民族凝聚力具有深远的意义。大学生人文素质教育的开展,大学生人文素质的养成,大学生人文精神的培育,必须引起全社会的重视。大家共同参与、积极行动,才能形成合力,才会顺利完成新媒体环境下大学生人文素质教育体系的构建。

第三章 新媒体环境下大学生人文素质的具体内容

第一节 新媒体环境下大学生人文素质教育中的文化教育

一、阅读中国文学经典名著的育人作用

（一）传承优秀的民族文化

我国是历史悠久的文明古国，有辉煌灿烂的五千年文明史。中华民族历经风雨而绵延不衰，就因为中华民族的根深深根植于源远流长、博大厚重的民族文化之中。文学是民族文化的重要组成部分，从第一部诗歌总集《诗经》起，我国的文学已有两千多年的历史，期间楚辞汉赋、唐诗宋词、明清小说、现当代文学等体裁多样、内容丰富的文学作品竞相争艳，各领风骚。

文学经典指的是具有丰厚的人生意蕴和永恒的艺术价值的作品，是文学作品中的优秀作品，是文学史的支架和龙骨。文学经典往往拥有强大的艺术生命力，如耀眼的星辰闪耀在历史的天空，以自己的独特魅力为一代又一代的读者所喜爱、所传承。文学经典体现了民族文化的丰富、成熟和辉煌，对中国人的价值取向、道德情操、性情情趣等都产生了巨大的影响。有学者这样评价文学的作用："在当今日益激烈的国际竞争中，一个国家、一个民族，如果没有高科技，一打就垮；如果没有坚不可摧的民族精神和牢不可破的民族凝聚力，不打自垮。"可见在综合国力中，国民素质起着决定性作用。素质教育需要从多方面进行，而作为中华文化精华部分的古典文学，其名著名篇凝聚了中华民族精神，闪耀着爱国主义光芒，通过研读古典文学名篇名著以提高国民素质，是一个不容忽视的重要方面。

21世纪的今天，中国从历史的风雨中走来，焕发出新的生机和活力。我国经济发展快速，取得了万众瞩目的成绩，我国正以崛起的形象屹立在世界舞台上。然而，在

世界文化交流碰撞之中，如何树立文化中国的形象仍是一个亟须解决的问题。继承本民族优秀的文化传统，对本民族文化具有高度的认同与自豪感，将会使中国文化在与世界各国文化交流中具有足够的文化自信与文化魅力。因此，在大学生中提倡阅读文学经典，对于提高民族的生命力、凝聚力、创造力都有非常重要的作用。缺少民族精神和民族个性的民族，是一个缺乏根基的、贫乏浅薄的民族，最终只会走向衰亡。只有在继承优秀文化传统的基础上，才能更好地促进民族文化的健康发展与不断创新，使古老的文化再展辉煌；才能从容自信地参与国际文化交流，树立起文化中国的崭新形象。

（二）提升大学生的人文素质

新媒体环境下，高等教育的目的是培养具有较高综合素质的人才，以适应竞争日趋激烈的社会环境。在各种素质中，人文素质是基础，是人文科学知识在个体世界观、价值观、人生观及其人格、气质和修养等方面的内化。大学要重视大学生的人文素质教育，把大学生培养成富有民族精神、肯担当、具有顽强意志、心理健康和有修养的人。

高尔基说："书是青年人不可分离的生活伴侣、导师、忠告者和好朋友。"文学作为"人学"，具有独特的育人功能，在大学的人文素质教育中起着重要的作用。文学经典是凝结人类文化精华的文化宝典，大学生阅读文学经典，就可以穿越时空，徜徉在源远流长的文学之海，进行丰富的精神之旅，与伟大灵魂、不朽思想进行心灵的对话。在阅读的过程中，大学生的情感得以升华，人格修养得到完善，智慧得以提升，自身的人文素质也会得到提高。

（三）打造大学生的精神家园

随着市场经济和信息技术的快速发展，当今社会已普遍进入消费主义时代和大众文化时代。文学传播载体也发生了巨大变化，已从传统的单一的纸质文本发展成多种传播载体共存，电子文本、网络文本、声像文本异军突起，冲击着传统的阅读方式。受社会环境变化的影响，一部分大学生随波逐流，热衷视听文化，倾向于消费文化快餐，精神文化需求日趋消遣化和娱乐化。部分大学生忽视对人生理想的追求，个人主义、拜金主义、享乐主义等消极思想在他们之中盛行，文学经典不断被大学生冷落、漠视。

提倡文学经典，回归文学经典，对于提升大学生的精神面貌有着重要的作用。一部优秀的作品能以高尚的精神鼓舞人、激励人、塑造人，能够引导大学生树立积极向上的精神追求，在潜移默化中提升大学生的品格和修养，提高大学生的思想境界，丰富大学生的精神家园。打开一部文学经典，就进入了一座交织着民族与世界，融合着古典与现代思想光芒的文化宝库，就可以与文学大师进行心灵的对话，得到精神境界的提升与完善。

二、中国文学经典名著欣赏课程建设存在的相关问题

作为传统的人文素质课程，中国文学经典名著欣赏课程在培养大学生的人文精神，提升其思想境界，陶冶其人格修养，提升其审美情趣，以及为社会输送合格人才等方面，有着不可替代的作用。近些年来，我国大学的中国文学经典名著欣赏课程建设取得了一定的成绩，但与其他长足发展的专业课程相比，仍存在很多不足之处，主要体现在领导重视不够、课程定位偏低、教材内容杂乱、教学模式僵化、教师队伍缺位、教学效果不尽如人意等方面。

（一）课程设置被忽略，教学定位偏低

当前大学中国文学经典名著欣赏课程被忽略的现象较为严重，中国文学经典名著欣赏不在必修课之列，大部分学校只将其列入公共选修课，教学定位偏低。由于大学过多强调专业建设与学科建设，作为公共选修课的中国文学经典名著欣赏课已经处于非常尴尬的境地，它不像英语课，有四级、六级等种种量化的考级系统和检测手段做支撑；也不同于政治理论课，不但课时量较多，而且和英语一样有考研之必试科目做后盾。中国文学经典名著欣赏课程的开设与否，尚缺乏明确规定。

（二）教材编写无序，教学内容陈旧

中国文学经典名著欣赏课程一直没有国家统编教材。教育部门对教材内容并没有明确的规定。近几年出版的中国文学经典名著欣赏教材有十余种，每种教材的内容和体例都不尽相同。还有部分学校自编教材，由教师自主选择教学内容。对比发现，尽管中国文学经典名著欣赏教材版本众多，但内容大多缺乏新意。大多数教材内容偏重选取中国古代优秀诗歌与散文，而对当代中外优秀文学作品和文学现象案例选取较少，许多篇目竟然与高中语文教材内容重复，其体例也与中学语文教材并无多大区别，因而很容易使大学生产生厌烦情绪，导致中国文学经典名著欣赏课程的教学质量和教学效果不尽如人意。

（三）教学模式固化，教学手段单一

长期以来，中国文学经典名著欣赏教学普遍遵循的是"释题—作者生平和写作背景简介—主要内容概述—字词讲解—主题与艺术特点分析"这样的传统且固化的教学模式；教学手段上还是单一的教材加黑板加粉笔。这种传统的教学模式与缺乏创新的

教学手段容易使学生产生疲惫感，以至于中国文学经典名著欣赏课堂上经常会出现教师讲教师的，学生玩学生的，教师与学生好像两不相干的尴尬局面。当今时代，计算机网络极大地拓宽了教育的时空界域，改变着人们的学习方式和思维方式，但中国文学经典名著欣赏课程运用计算机辅助教学却并不多见，即使偶尔有教师运用 PPT 课件，也多为读课件式的讲授，这与新媒体时代的要求是不相符的。

（四）学科日趋边缘化，专业教师缺位严重

科技的飞速发展使大学的专业课程建设受到更大的重视，专业课的教师队伍日益壮大，从事专业课教学的教师评职称、晋级更为容易，各方面待遇也高。而中国文学经典名著欣赏课程学科建设普遍不受重视，再加上没有实际政策的支撑，学科日趋边缘化，经费投入有限，教师积极性不高。大学中国文学经典名著欣赏课程的课时被不断缩减，部分大学甚至连专职的中国文学经典名著欣赏课程教师都没有，经常安排相关或相近专业的教师兼任中国文学经典名著欣赏课的教师，专业教师缺位严重，师资队伍很不稳定。

三、促进大学生阅读文学经典名著的有效途径

中国文学经典名著欣赏课程的基本任务是培养和提升大学生的品德素养、人文素养和语言文字的表达能力。只有正确认识中国文学经典名著欣赏课程的基本任务，重视课程设置和师资队伍建设，科学确定教学内容，实施多元化的教学，才能圆满实现本课程的教学目标。

（一）发挥大学图书馆的功能

图书馆是学校的文献信息中心，拥有丰富的文献信息资源，是学校知识和信息的集散地。图书馆是校园文化建设的重要组成部分，发挥着极为重要的作用。新媒体环境下，名著的阅读缺失已经成为大学生普遍存在的问题，大学生阅读呈现功利性、低俗化、片面化的倾向。英语、计算机等工具类书籍，言情武打、卡通类书籍成为大学生课外阅读的主要书籍，那些曾经以自己的独特魅力影响无数人的文学经典却几乎被大学生遗忘。我们都知道，一个人的精神发育史实质上就是一个人的阅读史，一个民族的精神境界在很大程度上取决于全民族的阅读水平。面对这种情况，图书馆要及时行动起来，优化馆藏结构，有计划、有针对性地进行文学经典导读活动，使学生有计划、有目标地阅读经典好书，在校园里形成浓郁的读书氛围，促进学生文学素养的提升。

1. 开展导读活动

阅读指导可以有选择、有目的地帮助学生读好书。图书馆应定期开展文学经典导读活动，由教师对学生的阅读心理、阅读方法、阅读技巧进行科学的指导。同时，教师应向学生们推荐阅读书目，组织开展主题讨论会与有奖征文活动，使大学生能够自觉主动地阅读文学经典，养成良好的阅读习惯，掌握科学的阅读方法。

2. 定期举办"中国文学经典欣赏讲座"

图书馆要依托人文社科学院定期举办文学经典欣赏讲座，邀请国内外知名专家学者到校演讲，从而引领大学生走进浩瀚博大的文学经典宝库，激发学生的阅读兴趣，使学生感受到文学经典的恒久魅力。

3. 成立读书会

由图书馆文学素养高的馆员担任指导教师，在学校成立"文学经典阅读读书会"，并通过举办形式多样的读书活动，吸引读者参加读书会。教师应当鼓励会员互相交流阅读心得，并定期邀请会员撰写读书报告，每月评选出优秀读者。

4. 开办读书网站

在新媒体时代，图书馆应适应学生阅读方式的转变，加大电子资源的建设力度，积极开办校园读书网站，为大学生提供网上读书渠道。大学生可以通过读书网站了解、熟悉、阅读著名文学经典作品，达到开阔大学生视野、提高大学生人文素质的目的。

（二）明确课程性质，把握课程定位

虽然中国文学经典名著欣赏是一门边缘性学科，但其与语言、文学、艺术、历史、哲学、政治等学科都有关联，具有"以文教化"的功能，担负着传承民族文化、张扬人文精神、陶冶审美情操等多项重任。中国文学经典名著欣赏课程的性质主要体现在三个方面：一是培养人伦道德情感，二是培养文学鉴赏能力，三是开拓文化视野。新媒体时代对人的基本素质赋予了新的要求，强调提高人文素质，培养健全人格，而中国文学经典名著欣赏课程既能陶冶大学生的品德情操，培养大学生的健全人格，又能提高大学生的阅读理解能力、审美能力、语言表达能力、分析问题和解决问题的能力。因此，学校必须提升对中国文学经典名著欣赏课程重要性的认识，建立科学完善的中国文学经典名著欣赏课程体系。只有做到这一点，才能切实提升中国文学经典名著欣赏课程的定位，改变教学现状。

（三）优化教材建设，优选课程内容

优化教材建设、优选课程内容是实现中国文学经典名著欣赏课程教学目标的重要途径。鉴于中国文学经典名著欣赏教材编写无序的现状，建议学校组织权威专家、资深学者和优秀教师重新编写中外文学作品欣赏教学大纲及配套教材，编写出一套自成体系、特色鲜明、涵盖面广、兼容性强、具有权威性的经典教材。在教材结构上，要突破传统的以文章为本位的简单结构，采用以培养大学生语文能力为主线，兼顾文学知识和历史知识的复合式结构模式，帮助学生巩固知识、形成能力、养成素质。在课程内容的选取上必须与时俱进，克服现行教材普遍存在的"重古轻今"的现象，突出内容的时代性。中国文学经典名著欣赏教材的内容选择要努力做到以下三点：第一，选择能够开发大学生人文素养的课程内容，使大学生的文字表达能力和创造力都得到最大限度的发展；第二，选择符合语文学科自身特点的课程内容，发挥中国文学经典名著的人文性和工具性；第三，选择符合大学生心理特征和认知特征，可体现高尚的人格理想和积极进取精神，能为大学生提供审美愉悦和思维启迪的课程内容。

（四）创新教学模式，改革教学方法

当今世界，科学技术日新月异，文化碰撞日趋激烈，创新中国文学经典名著欣赏课程的教学模式，改革中国文学经典名著欣赏课程的教学方法势在必行。

教学模式和教学方法是教师与学生为实现教学目标而采取的教与学相互作用的活动方式。教学模式和教学方法是实现课程目标的关键。教师要与时俱进，彻底革除"满堂灌"的传统教学模式和"教材＋黑板＋粉笔"的单一教学方法。教师在中国文学经典名著欣赏课程教学上要努力做到以下几点：一是以师生讨论为主，讲授和讨论相结合；二是以课外学习为主，课内和课外相结合；三是以继承文化成果为主，继承和创新相结合。教师要将课堂教学辐射到课外，把教学内容和空间从课堂延伸到图书馆、互联网和社会，从而激发学生阅读中国文学经典名著的兴趣。

现代科学技术的发展为中国文学经典名著欣赏课程的教学改革与创新奠定了基础。计算机辅助教学创造了适合大学生认知活动的学习环境。因此，中国文学经典名著欣赏课程有必要充分利用现代科技成果，利用声、光、电、磁等现代教学手段唤起学生的联想和想象，激发学生的创造性思维，调动学生阅读中国文学经典名著的积极性与主动性，从而提高教学质量与教学效果。

（五）加强师资培训，稳定教师队伍

高质量的教师队伍是全面推进素质教育的基本保证。切实提高中外文学作品欣赏课程的教学质量和教学效果的前提条件是必须充分重视中外文学作品欣赏教师队伍的建设，必须培养一大批优秀的中外文学作品欣赏教师。其中强化教师的专业素质、培养教师的敬业精神、提升教师的人格魅力，都是有效途径。除此之外，还要进一步提高中国文学经典名著欣赏课程教师的地位和待遇，稳定教学队伍，彻底改变"拉郎配"

的现状。中国文学经典名著欣赏课程教师与中文专业教师在知识结构的要求上有所不同，他们必须是"通才"。中国文学经典名著欣赏课程教师不仅要具备坚实的文学专业知识和一定的教育学、心理学知识，还要善于吸收当代文学创作和研究的最新成果，把握当代文学热点话题，善于在教学中帮助学生提高文学鉴赏水平。

综上所述，只有提高对中国文学经典名著欣赏课程的重视程度，重新定位课程目标，优选课程内容，培养高素质师资队伍，创新教学模式和教学方法，才能强化中国文学经典名著欣赏课程建设，提高中国文学经典名著欣赏课程的教学质量和教学效果，最终实现中国文学经典名著欣赏课程的教学目标。

第二节　新媒体环境下大学生人文素质教育中的音乐教育

在推行素质教育的新媒体环境下，大学要想培养大学生的人文素养，不仅要重视大学生的思想政治教育，还要注重提升大学生的文化艺术修养。音乐是具有情感价值的艺术形式之一，通过词、曲、声音、舞蹈等能够实现对音乐情感的表达。古时音乐是士大夫六艺之一，古人普遍认为通过对音乐的学习能够提高自身的修养。音乐教育对提高大学生人文素养有非常重要的影响，通过完善音乐教育、创新教育理念、营造良好的人文氛围，能够不断培养出符合时代发展要求的高素质综合人才。因此，学校在贯彻落实立德树人时，要重视音乐教育等艺术课程的开展，不断强化大学生的文化艺术修养，培养其集体意识和团结合作精神，使其形成良好的世界观、人生观和价值观。

一、音乐教育对大学生人文素质教育的影响

（一）强化大学生的文化艺术修养

在各门类艺术中，音乐素来享有"皇冠艺术"之誉，在许多大师心中都享有很高的地位。孔子曾说："兴于诗，立于礼，成于乐"；明末清初著名思想家王夫之曾这样阐发孔子的"成于乐"："'成于乐'……治于视听之中，而得之于形声之外，以此而已矣"（王夫之·《船山全书》）；老子也曾有"大音希声"之说。在古希腊，音乐被认为是打开精神世界和宇宙世界的钥匙，柏拉图认为最好的音乐能使最优秀和最有教养的人获得快乐，能把人教育成为美和善的公民；德国哲学家亚瑟·叔本华的哲学最具代表性，他的哲学可以说就是音乐哲学，他认为音乐跳过了理念，不依赖现象世界，直抵本体，

音乐是全部意志的直接客体化和写照，不是理念的写照，而是意志自身的写照。

音乐本身是一门艺术，是一项音乐艺术实践活动，它通过对音乐的感知、体验和理解，使大学生获得对音乐美的享受，得到心灵的慰藉和认知的满足。它作为人类文化的重要载体和形态，蕴含丰富的文化历史内涵，以其独特的艺术魅力伴随着历史文化的发展。音乐是认知过程和情感体验过程相互交融的再创造过程，感性与理性并存的活动。教师和大学生通过对音乐作品作曲家的创作意图、思想情感、时代背景的分析，增进对作品的理解；再从听觉的直观感知中获得信息，结合现实生活经历提升对音乐的认知；最后通过想象等一系列的心理活动探索音乐想要诉说的内心独白，通过心理情感的映射和反馈，产生对音乐美的共鸣。

战国末期思想家荀子在《乐论》中提到："夫乐者，乐也，人情之所必不免也，故人不能无乐。"音乐对性格的培养、情绪的稳定、心智能力的发展所起到的积极作用，在我国备受教育家、心理学家、音乐家的关注。所以学校应加强对大学生音乐审美欣赏的重视，通过音乐审美欣赏教育来直接感受大学生内心深邃的情感世界，使大学生的心灵得到净化和陶冶，人格得到激励和升华。由此可见，音乐教育在增强大学生审美能力、提高大学生的艺术修养、促进大学生身心健康的全面发展上，能起到事半功倍的作用。

音乐的赏析教育是大学音乐教育的重要组成部分。根据大学生的实际生活见解，通过教师情感化的教学，帮助学生不断进行联想和思考，能够使大学生在进行音乐赏析时充分感受到作者的情绪情感状态，明确歌曲想要表达的内涵。在教师组织欣赏古典音乐、流行音乐等课程时，应指导学生注意赏析和模仿，并鼓励学生尝试进行创作，这样能够不断提高大学生的文化艺术修养，帮助学生形成对音乐艺术的新认知，使其审美能力不断得到提升。如欣赏阿炳的二胡曲《二泉映月》时，教师可以详述该首曲目的创作背景及艺术特点：首先，它那百转千回、愁肠凄凄的旋律，给人带来听觉上的直接冲击；其次，从故事、乐理，还有先前的感性经验把握、定性乐曲的基本情绪；最后，该曲通过二胡独特的音色，结合时而沉静、时而躁动的节奏，在描绘阿炳曲折的一生的同时，充分表达了阿炳对生命的深刻体验及乐观豁达的精神态度。把乐曲与当时的时代气息联系起来，可将音乐审美欣赏提高到体悟人生的高度。

（二）增强大学生的知识文化素养

音乐教育的目的是通过向学生讲解音乐知识的方式，不断丰富学生的音乐知识积累，加强学生对音阶、音节、主体、旋律、调式等各内容的了解，进而强化学生对音乐创作的历史背景文化知识、不同作者的音乐创作个性习惯、所属流派等各种知识的理解，使学生充分认识音乐、了解音乐、表达音乐。当大学生的基础文化知识积累到一定程度之后，就会实现感性与理性的融合，能够辩证地认识不同乐曲之间的碰撞、融合与创新，人文素养得到全面提高。

音乐美的构成主要包括乐音、节奏、和声、音色、旋律和曲式，这些要素构成了音乐作品的整体结构。节奏是通过节拍、重音、休止、强弱、快慢、松紧等体现出来的，是音乐作品的骨架。在许多音乐家心里，节奏都具有比旋律更为重要的表现意义。和声是两个以上的乐音按照一定的规则同时发声而形成的音响组织。19世纪以前，西方的音乐都以和声为基本表现形态。旋律由不同音高的、富有逻辑规律的单声部音乐构成，不同的旋律可演绎出紧张、痛苦、欢快等不同的情绪。

音乐是流动的时间艺术，其创作和表演都是为了供人欣赏，它能给人们带来美的享受，以及精神层面的满足与愉悦。不同的作品给人带来不同的听觉冲击，即便是相同的作品也会有不同的理解。不同的个体产生的音乐审美也具有个体性，人们通过主体意识活动，用审美的眼光来欣赏音乐，有选择性地给自身施加影响，可以给身心带来和谐、美好的体验。音乐审美欣赏和美学、历史、地理、人文、心理学等学科也有着密不可分的关系，因此开设音乐审美欣赏课程可以使学生的思维能力从单维度转向多维度，并与其他学科相互渗透及融合，这样不仅为学生所学专业奠定了良好的基础，也为开拓其思维做好了准备。

音乐审美欣赏是情感依托的一种形式和载体，对大学生的自我价值的实现、审美观念的提高、创新思维的养成、情感表达能力的丰富、身心素质的提高都发挥着举足轻重的作用，能让人从外在的视觉世界回到自我的内心世界。

（三）提高大学生的人格气质

音乐欣赏一般分为审美期望、审美实现、审美弥散三个阶段，它是一个包括感知、记忆、想象、情感、领悟的心理活动过程。第一阶段，欣赏者通过聆听获得对音响的感知和直觉的感受；第二阶段，欣赏者通过联想深入体会到音乐所要表达的思想的过程，而最后一个阶段欣赏者理解、顿悟并产生共鸣。

就音乐的美感来说，叔本华认为，急促而变化不大的曲调就像人的欲望迅速得到满足所获得的幸福感一样是令人愉悦畅快的；缓慢的、逆耳的不谐和音要在许多节拍之后才回到主调音上，它就像久久得不到满足的欲望一样，是悲伤的、痛苦的、压抑的；快板舞曲短暂而紧凑的节奏就像轻易就得到的幸福一样，是庸俗的；那种轻快的、音句大、音距长、变音幅度广阔的舒展慢调则标志着一个远大高尚的意志。音乐审美欣赏是唤起各种心理要素的综合活动，要完整地欣赏一部作品，不仅要从曲子本身进行分析，还要从人类文化的角度进行整体分析，这样才能获得深刻的体悟和感受。

大学生在接受艺术教育的熏陶时，不仅能够深化思想认识，还能通过一定的形体训练，如芭蕾、体操、国标舞或者其他舞蹈种类，增强身体的协调性，展示独特的形体美感，从而不断形成良好的气质。通过使用优雅各异的舞姿来充分演绎音乐故事情感，能够加深大学生对音乐艺术的理解与感悟，提高学生的内涵修养、外在气质与风度。如森巴舞的音乐热烈，舞步摇曳多变；华尔兹舞既庄重典雅，又飘逸轻盈；探戈舞时而华丽高雅，时而激越奔放。

（四）提升大学生的综合素质能力

音乐的最大特点是抒情性，这一特点使音乐比其他门类艺术更有优势。有学者看到了音乐迥异于其他艺术的地方："音乐是心情的艺术，它直接针对着心情。"音乐是美的产物，所以人们通过音乐表达自己的内心情感和对事物的各种愿望，淋漓尽致地刻画出令人神往的意境，直接打动欣赏者的心灵。音乐就像色彩斑斓、光怪陆离的梦境一样，让人可以在自己创造的内心世界自由翱翔，使情感和音乐达成共鸣，获得精神的满足。因此，音乐对人内心的影响是深刻的。

大学生正处于青春期，生理发育已经成熟，但其心理还处于不成熟的阶段，这种成熟的生理和不成熟的心理发生着激烈的碰撞。高等教育的大众化使社会对人才的要求更高，从而造成的就业压力加重了大学生的茫然，这种茫然极易诱发大学生的心理问题。而大学生有时的盲目乐观、以自我为中心、自以为是，易引起他人的反感，进而导致大学生产生苦闷、自卑等情绪，有时甚至会引发大学生的过激行为和反社会行为。而音乐审美欣赏培养了大学生审美的能力，调整了他们的审美观、价值观、人生观，从而使压抑的情感得以抒发、烦闷的情绪得以释放，有助于解决或缓解上述问题。

音乐欣赏可以培养大学生对美的感受能力。音乐可以给学生带来充分的想象，它可以是一个具体的形象、一个复杂的故事、一幅美丽的图画，也可以是一个抽象的概念，一种对某种心理感受的刻画，这种想象联想过程，可以让大学生充分体会到美。因此，音乐欣赏可以培养学生思维的广阔性、独立性、新颖性。大学生在感受美、体验美的基础上，可以对美进行自主创造，这既是学生对所学内容的拓展与延伸，也是学生在对周围的事物和自己本身进行深入认识后得到的情感升华。

音乐涉及多学科的知识，包括语言、心理、政治、历史等。开展音乐教育能够促进学生创造力、想象力、审美力的培养与提升，不断提高学生的综合素质能力。音乐活动是一种高级、复杂、综合的情感活动，在特定环境氛围的烘托之下创设音乐活动情景，可以激发学生的情感，帮助学生进行心理宣泄及自我调节能力，有助于提升学生的抗压能力。

大学生具有探索精神，他们善于透过思考来发现问题的本质。因此，大学生对音乐审美欣赏的选择和倾向与其文化层次、成长环境、个人兴趣息息相关。教师可以根据学生的个性差异提供古典、流行、民族音乐等不同类型的音乐。这样可以让大学生乐于参与其中，并从音乐审美活动中获得良好的情绪体验，产生乐趣。

大学期间是学生非常想展现自我的阶段，而音乐审美欣赏恰巧可以增加情绪的稳定性及和谐性，对大学生形成独立人格和提升自我效能感有显著作用。因此，教师需要关注以下三点：一是将大学生的注意力引向音乐；二是注重音乐中的情感的抒发，它有助于消减学习等心理压力；三是对音乐形态时代性的分析，激发大学生爱集体和爱国家的热情。音乐审美欣赏可以营造学生在一起相互交流、团队协作、共同探讨问题的轻松愉悦的环境，以消除工作、学习、生活中的烦恼、压力及疲劳感等，进而使学生处于良好的情绪状态。这就在很大程度上抑制了学生内心的矛盾与冲突，消除了学生心理上的忧郁和躁动，平复了学生心理上的焦躁，维持了学生内心的平衡。只要方法得当和引导正确，通过音乐审美欣赏可以有效缓解和改善大学生因社会、家庭、就业、生活等因素而产生的压力。音乐审美欣赏可以以其特有的表现形式和强大的影响力满足大学生追求真善美、寻求理解、追寻自我、寻找爱和归属感等高层次的精神需要，有助于大学生形成乐观稳定的情绪、积极向上的生活态度、健康向上的人格。

大学生音乐审美欣赏是一个复杂而精细的教育和心理认知过程，教师应思考和研究教育和心理环节的互动过程，最大限度提高大学生的音乐鉴赏力和审美判断力。大学生音乐审美欣赏力的提高，必将会有意无意地把这种美学修养迁移到日常学习生活中，这对大学生人文素质教育的推动作用是难以估量的。

二、大学音乐教育现状分析

（一）对音乐教育的重视程度不够

目前很多大学对音乐教学的重视程度不够，忽视了音乐课程基础设施的配套建设，音乐器材不完整，因器材质地或者材料比较廉价导致音调不准等问题较为普遍。另外，部分大学不重视培养专业的音乐教师，不能及时更新教学内容，不了解国际音乐的实际发展背景，从而影响音乐教育专业的教学质量，很难达到教学预期目标，更不能培养出符合社会需求的专业化人才。

（二）部分学生文化基础薄弱

部分音乐专业的学生注重音乐专业课的学习，重视自身音乐操作技巧等方面内容的训练，忽视了文化课程的学习，导致文化基础薄弱、人文素养比较缺乏。另外，由于专业课任务繁重，需要学生花费的时间和精力较多，导致学生忽视了自身文化素养的提升，不利于学生综合素质的提高。

（三）音乐教师自身素质有待提高

大部分音乐教师依据自身的教学经验，只对学生的音乐课程学习进行规划，过度重视训练学生的音乐专业课，忽视学生人文素养的提高。要想提高学生的人文素养，就要对教师提出更高的要求。音乐教师需要具备更加丰富的人文知识和音乐教学管理经验，才能满足学生个性化发展需求的人文素养教学。

三、大学通过音乐教育培养大学生人文素养的措施

（一）强化音乐师资队伍建设

各大学要积极搭建音乐教师专业知识学习平台，根据教师自身情况和特点开展培训教学，帮助教师积累思想道德、人文素养、专业能力等方面的教学经验。学校应当指导教师通过了解音乐教育专业的培养目的和要求，树立科学的培养计划，严格贯彻"以人为本"的管理方针。音乐教师应改变传统的教学思路，形成以学生为主体的教育理念；因材施教，实施民主化的管理方法；少批评、讽刺，多教育、关心，形成良好的音乐教学管理氛围和价值观念；创新融合音乐教育与人文素养的教学模式。大学应当增强教师和学生对学校人文素养教学理念的认同感，进而激发他们的自主性和责任感，使其主动参与到音乐教育与人文素养教育相融合的教学过程中。

（二）改变教育观念，优化课堂教学模式

严格细致、规范化、科学化的音乐教育管理模式，能够使教师更清晰地明确自身的岗位职责，根据教学目标来合理安排教学活动，将音乐情感教育与其他课程有机结合。同时，教师可以结合音乐教育内容设置多类型的实践课程，在实践课程中激发学生的音乐情感，强化学生对音乐的认知与敏感度，使音乐教育得到充分的发展。

大学要积极创新音乐教师和学生的考核体系，根据实际音乐教学过程中学生的反馈，重点考核音乐教师的专业素质能力和教学管理水平，促进音乐教学工作的良好开展。教师在此基础上还应当优化音乐教育课堂设置，以提升学生的人文素养。

（三）多元化教学，丰富音乐教学课堂

大学要重视完善多媒体技术，利用现代教学手段引导学生积极鉴赏其他国家和地区的音乐作品，感受世界文化和民族文化之间的交流与融合，重视培养学生的人文素

养，帮助学生形成正确的世界观。大学应当不断丰富音乐器材种类，为音乐教师开展教学课程提供良好的基础条件。除此之外，大学应当利用先进的互联网技术建立教育信息化管理平台，并在平台上设置包括学校简介、师资力量、举办的大型活动、教学动态的更新以及课程数据信息等多个端口，以共享学校图书馆信息资源或与其他学校实现资源共享。合理运用管理平台可以有效保证各类数据传输的准确性、即时性和共享性，这样既能够有效宣传学校的人文素质教育，也能够带动其他大学重视培养学生的人文素养。

（四）重视校园音乐文化建设

大学是培养未来社会优秀人才的重要基地，因此要注重建设良好的校园风貌，积极推进音乐教育工作中的人文关怀理念，培养学生的人文素养。校园是大学生学习和生活的重要场所，大学校园的人文环境时刻都在引导和培养学生的人文观念。因此，学校应当利用丰富的大学校园文化，在潜移默化中培养学生形成正确的认知观念和价值观念，不断提升其人文意识，将大学生培养成为优秀的有志青年。

大学可以利用假山、流水、音乐名人雕塑等美化校园，为学生营造自然环境清幽、音乐文化底蕴丰厚的学习氛围。同时大学可以开展多元化的音乐艺术节，通过搭建校园舞台的方式，安排音乐专业不同乐种、舞种的学生进行公益演出表演，吸引整个学校不同专业的学生参与观看，营造具有音乐文化气息的校园环境。另外，大学可以利用广播、社团、公众号等校园平台，播放积极向上的歌曲、旋律，宣传音乐专业的知识，激发学生的学习热情，切实提升大学生的人文素养。

新媒体环境下，各大学要不断提高音乐教师的专业化水平，利用多媒体技术开展多元化的教学课堂，打破传统知识领域的限制，重视校园文化的建设，丰富音乐的设施设备，为学生人文素养和综合素质的提高提供良好环境。各大学应不断创新教学模式和教学方法，采用多学科交叉的教学体系，重视开展趣味、创新、个性化的教学内容，形成以学生为主体的音乐教育课堂，满足新媒体时代学生个性化发展的需要，更好地培养学生的审美能力、音乐素养和人文素养，为学生未来的就业发展打下坚实的基础。

第三节　新媒体环境下大学生人文素质教育中的历史教育

素质教育旨在培养大学生的知识、技能、态度、品格与价值观以及创新、反思和自律的能力，使其能够实现自我发展，适应和融入社会，并形成终身学习的习惯、能力与潜质。近年来，大学生素质教育中的历史学科核心素养成为历史研究者和历史学科教育工作者广泛关注的课题。对历史学科核心素养的探讨并不完全是通识性质的，不仅应兼顾历史学科和教育教学的目的和任务，还应借鉴历史哲学、史学理论、先进国家和地区的历史学科课程标准与实践等。在前人的探讨中，对历史学科核心素养的构成已形成一定的共识。但是，我们还应从历史哲学的角度厘清一些认识。笔者将历史学科核心素养的构成归纳为这样一个逻辑关系：常识性历史认知→历史理解→历史解释→历史评价→思维性历史认知能力→历史价值观的养成。

一、常识性历史认知

（一）历史事实和历史认知的主观性

历史事实指曾发生过、存在过的真实的历史事件、历史现象和历史事物等，又被称为"历史存在"。历史学者所关心的历史事实，经常是过去的人物、事件及相关时间和空间。我们对历史事实的了解往往基于古人留下的遗迹、实物和前人的记载、描述、考证等。历史事实往往加入了研究者的历史理解和历史解释，据此有历史学家认为历史事实只是语言学意义上的存在。这种认识有一定的绝对性，我们不能因为研究者对历史事实解构意义上的阐述而否定历史事实的客观性。历史事实包括社会事实，社会事实是指经过人们或历史学家解读后的历史事实。文字史料和非文字史料都有其客观性的一面与主观性的一面。

历史认知虽然具有主观性，但其认识的对象是客观性的。我们对历史事实的认知来自独立于历史解释之外的历史、观念中的历史和研究中的历史，但我们在形成认知的过程中都会不可避免地受到认知主观性的干扰。并不是客观存在的历史事实构成我们所相信的历史，而是当前的社会事实或社会现实使我们选择某些历史事实，或者创造些对过去的想象，以某种方式来构建我们所相信的历史。这种认知的主观性缘于社会权力的干预和权威干预下的历史解释、社会价值观的时代性影响、历史构建者解释者评价者的立场与阐释目的以及史料的收集和整理情况。德国著名历史学家利奥波德·冯·兰克提出，史料记载者的性格和记载动机也会对我们的认知产生干扰。

我们认知历史的过程必然伴随着主观性，因此我们应该考虑历史事实发生的社会语境、后人理解的社会语境。静态的历史需要我们去认知，动态的历史需要我们根据静态的史据去展开联想和解释，这就需要我们具备实证精神和能力，能够将史料中的历史、观念中的历史和研究中的历史尽可能真实地还原成发生过的客观的历史，同时养成求真、求实的科学精神。

（二）时序性与空间认知

时序性和时空观是历史认知的基本立足点，将所有对历史事实的观察、理解、解释和评价放在具体的时空条件下，这就是史学研究中强调的历史的时代性。脱离原本的时空去认知历史，会偏离历史的认知走向，违背历史认识与研究的客观性和科学性。

法国历史学家雅克·勒高夫指出，时间以多种形式构成历史的特有材料，年代时序的阐释与生活经验的持续时间应当保持一致。历史的时序性蕴含着历史发展的脉络和走向，能够帮助我们认识历史发展的规律和未来。历史空间构成了历史认识的范畴，历史空间的界定使历史认知有了可操作性。

时间和空间，无论是真实存在，还是属于人的思考中错觉的范畴，都是不可分割的统一体。时间与空间能够帮助学习者和研究者实现对历史事实的基本定位，有助于学习者和研究者通过其时代特征和地域特征更好地理解和把握历史发展的特点和规律。历史的发展是动态而多元的，我们在认识历史时要关注历史时序的动态性和空间的转换。同时，时间有相对性和伸缩性，这会使我们的历史认识更具多样性和灵活性。但是，这种认识的相对性和灵活性不仅不会影响我们对历史认知的客观性，还会使我们的认识更为全面和科学。所以，历史时空的划分标准并不是绝对化和固定化的，对历史时空的多元划分，既有利于形成历史认知的民主与开放的环境，也有利于加深对历史认知个体和对象的尊重和理解。历史时空观念素养是历史核心素养的基础和前提，依靠它的指引，我们能探寻历史旧日的足迹及其影响。

（三）历史概念、历史语言和历史文本的认知

我们对历史的认识并非完全是观察和实证，更多地来自经验、阅读和教育等其他途径。这些认识散乱而庞杂，我们需要理性地厘清。我们首先遇到的问题便是认知"概念""语言"和"文本"。概念的内涵是对事物本质的阐述，概念的外延框定了事物本质和阐释所适用的时空范畴。对历史现象和历史事件的认识离不开对历史概念的界定和归类。历史概念能够将动态的、多样的历史事实以一定的逻辑关系联系起来，历史概念的逻辑关系构成了历史学科的知识体系。概念性本质认知有利于我们从纷繁复杂的历史知识中找到历史发展的基本规律与走向。

对历史事实与历史概念的理解和解释离不开对历史语言和历史文本的选择与运用。对历史语言和历史文本的选择与运用受其所处时代、语言特质和表述立场等因素的影响。历史语言、历史文本与历史事实本体之间存在着既相互联系又相互矛盾的关系。历史语言能够表述一切历史事实，但历史语言不能完全等同于历史事实。所以，熟练地使用准确的历史语言去阐释历史事实并正确理解历史文本是历史学科核心素养

中至关重要的能力。因此，我们要更多地考虑历史语言与历史文本对历史真实的背离程度和影响因素，尽力排除自己受到的历史语言和历史文本的干扰，力求更为精确地理解和运用历史语言与历史文本。

二、历史理解与历史解释的厘清

历史理解指人们在认知历史事物的过程中所形成的历史观念、历史方法、历史想象、历史态度和历史感悟。历史理解包括多重含义：一是对历史事实及其所处时代和关联现象、人物和事物的理解；二是对历史叙述的时代和关联现象、人物和事物的理解；三是历史叙述和表达的主观性、心理预期或误解、价值判断的维度、意识形态的先入为主的认知，以及史学理论和方法论的选取等。历史理解是对历史的真实性认同和历史事实的解构过程。可见，历史理解是一个被动认识多于主动改造的思维过程，受历史认知对象的影响较大。

历史解释是指我们在了解大量史料后，依据一定的价值判断标准而对历史叙事和历史事实进行因果分析、综合评判的过程。它超越了简单的历史理解和历史叙事，是一种理性、客观的历史发展认知过程，可以从宏观与微观层面规律性地解构和建构历史事物的多元发展特征。历史解释要以一定的史学理论作为历史解释的依据，是指在事物的发展变化中寻找历史发展的趋势与规律，并对其加以解读和说明的过程。

历史理解和历史解释是一脉相承的历史认知和创造过程。历史理解重在认识历史事实，是回答"是什么"的思维过程；而历史解释则重在分析、解读、评价和运用历史研究的成果，将历史引向现实，是回答"是什么、为什么、我们应该怎样做"的思维过程。历史理解的意义在于认识过去，而历史解释的功用则在于借鉴未来。历史理解是历史评价、历史价值观、历史意识形成的基础，可以为历史解释提供前提，而历史解释则使历史事实更易于被理解和认知。

三、思维性历史认知能力和历史评价的形成

重新建构历史是历史学习者和研究者的共同议题。质疑谬误、独立思考、批判品评是在历史认知过程中逐渐形成的思维性能力，这一认知过程和思维能力的养成使我们对结论性知识抱有审慎的态度，不盲从未经考察的经验性知识。批判性思维者的人格品质包括探索真理、思想开放、系统性、自信、好奇心。作为具有批判思维的优秀思考者，应该是批判精神和思维技巧两者皆具，不可或缺。批判性思维与认知的过程可以分为五个有机环节：分析主题；判断信息的相关性与重要性；对观点、推论、主

题和说明进行评价；构建清晰连贯的论证；形成合理的判断或决定。对历史事实的常识性认知、历史理解和历史解释的渐进性思维过程就是思维性历史认知能力和批判性思维能力的养成过程。

对史料的鉴别应该是思维性历史认知能力的首要基础。首先，历史学习者和研究者应当剔除史料的主观性、非真实性的成分，认识史料的性质、语境、时代及史料作者的立场、动机、阶层、派别、身份和价值观等，进而判断史料的可信性和实用性价值。其次，是对历史事物考证方法、观察角度的选定，以实践历史认知与思考的客观性、全面性和正当性，克服各种主观因素干扰下的对历史本真的探究，形成连贯、逻辑化的有效性认知。最后，思维性历史认知能力形成的过程既是一个怀疑主义的实践过程，又是一个实证主义的实践过程。没有对历史的反思与批判，便不会有对现实的超越和创新。

思维性历史认知能力的最终成果是形成了一定的历史评价。历史评价是我们基于历史事实的历时性意义和共识性价值而形成的对历史事实的价值认定。新的时代环境、新的社会环境使人们产生新的诉求，从而形成新的价值关系，在新的需要与新的价值关系之间又产生新的历史评价。因此，历史评价将统一性与多样性、稳定性与多变性、确定性与发展性融合起来，才能具有科学性和发展性。

四、历史价值观的养成

历史认知、历史理解与解释、历史思考与评价的最终结果是帮助人们形成成熟的历史价值观、健康的思维模式和习惯。我国著名历史学家何兆武先生曾谈到："什么是历史？什么是历史学？历史知识和理解的性质是什么？倘若不认真考虑并确切回答这些问题，就径直着手研究历史，那种历史知识就必然是盲目的而又混乱的，有如盲人摸象。那样的历史学就连所谓'科学的'历史学都谈不到，更遑论'人文的'历史价值了。"历史学科的特点是它可以通过人的情感、意志等感性活动去领会历史的意义、价值和追求，关注人类的价值和意义等理想问题，追求人类认识向善、臻美的精神。历史教育关注人的知识发展、人的群体发展，关心人作为社会存在的过去的、现在的乃至未来的发展。历史是培育人的民族认同和国家认同情绪的重要媒介。

历史认知、理解与阐释的另一个目标是帮助学习者和研究者形成积极的历史意识，养成思辨、反省的习惯和能力。历史是文化在其中获得关于自己过去的意识的一种形式。历史意识水平的提高是历史学习者和研究者对历史事实和现实的反思、判断和选择的结果。历史意识包括时代意识，发展意识，认同并尊重世界的多样性，尊重各民族、国家、群体的选择，对文明的差异具有包容的精神等内容。有学者曾指出，真正的史学必须是以人生为中心的，里面跳动着现实的生命。

新媒体环境下的历史学科核心素养，不仅要符合历史学科的特质，更要符合对"人"的培育目标。分析与解读历史学科核心素养构成，不是简单地阐释概念、列举构成要素，而应探讨其构成介质之间的逻辑联系，并将它的构成伸展为横向与纵向的关联网络。这样才能真正地构建出历史学科核心素养的体系。

历史是过去的事实，凡经过者均应客观而真实地记录与书写，而不是有意识的"选择性遗忘"和"选择性记忆"。在书史、治史、教史和学史的过程中，需遵循历史学"本真"的原则和其内在规律与路径，避免走入虚妄、矫饰和片面的歧途。强调历史学科素养，要真正做到还原历史的本真和完成历史学科育人的使命，应以"学科素养"为重要任务和命题，探究历史背后的"历史"，最终解决历史"是什么，为什么，怎么做"这一历史哲学最基本的问题。

近年来，国际上兴起了关于"人文素质教育"研究的潮流，它反映了社会发展对于人的新要求。这股研究的浪潮也蔓延至中国，人文素质教育已经成为我国深化基础教育课程改革的新指向。有学者指出，人文素养是支撑有文化教养的健全公民形象的心智修炼或精神支柱。朱汉国认为，学科核心素养是以学科知识技能为基础，整合了情感、态度和价值观在内的，能够满足特定现实需求的综合性品质和相关能力，它是学生学习该学科（或特定学习领域）后所形成的、具有学科特点的关键成就。

五、历史素养与历史学科核心素养的内涵

关于"素养"，历史教育专家吴伟教授从四个方面进行了解释：一是指修习涵养，即理论、知识、艺术、思想等方面的一定水平；二是指平时所供养；三是指素质与教养，即养成的正确的待人处世的态度；四是指平时所养成的良好习惯。"素"是指一种长时间积淀下来的内在品质或者素质，它包括知识、能力、品德、思想观念和方法等；"养"则包含后天的教化、培育、修习、陶冶等。据此，吴伟教授认为历史学科呈现的历史素养是通过日常教化和自我积累而获得的历史知识、能力、意识以及情感价值观的有机构成与综合反映，是能够从历史和历史学的角度发现问题、思考问题及解决问题的富有个性的心理品质。

中国近现代史专业教授朱汉国在确定"核心素养"和"学科核心素养"含义的基础上，进一步指出历史学科核心素养是历史课程的总目标；是学生发展核心素养在历史课程学习中的具体体现；是学生在历史学习中获知的关键能力和个人修养品质；是

知识与能力、过程与方法、情感态度价值观等方面的综合体现。

学者刘俊利从认识论的视角（包括研究动机、研究抓手、研究过程和研究成果四个方面），在归纳历史学的学术特征基础上，揭示历史学科素养的基本内涵：现实意识、证据意识、问题意识、融合意识和分层意识。

学者毛经文认为，历史学科在培养学生过程中所体现出来的独特核心素养包括时空逻辑、史料实证、发展眼光、多元联系、客观评判、置身理解六个方面。学生在学习历史后，应当掌握基于时空与实证、立足发展与多元、善于理解与评判的价值理念与素养。

学者张华中认为，历史学科核心素养是学生为适应现在生活及面对未来挑战，所应具备的核心历史知识、历史思维能力以及认同、尊重和融入历史的态度。他对历史核心知识、思维能力和态度进行了梳理和概括，提出历史核心知识应包括时间知识、空间知识、人物知识、史观知识；历史核心能力包括运用时空知识准确表达历史能力、理解历史的能力、解释历史的能力和运用史料的能力；历史核心态度主要包括对自身的态度，对民族、国家和社会的态度，对世界各国和各民族的态度。

综上，从"素养"的本义延伸来看，历史素养应是个人通过历史学习而获得的历史知识、能力、方法与观念，或个人能够从历史学的角度发现、分析问题且运用历史学的能力来解决问题的内在涵养，它由历史知识、能力、方法和观念等组成。历史学科核心素养应具备关键性、稳定性、独特性、生长性和实践性的特点。首先，它是学生在历史学习过程中形成的，解决实际问题所需要的历史知识、历史能力，是能满足学生终身发展的历史思维；其次，它是最能体现历史学科价值的关键素养，无法通过其他学科的学习来代替；最后，它是历史学中最具学科本质的东西，不因时代和国界的不同而不同。

第四节　新媒体环境下大学生人文素质教育中的哲学教育

进入 21 世纪以来，在社会经济稳健发展的新媒体环境下，科学技术哲学的研究领域也进一步扩张，传统模式下所研究的主要内容是自然观和科学观，而近年来则向自然哲学与科学哲学等方面延伸。现阶段科技哲学的研究重点放在了科学技术方面，与科技哲学相关联的问题很多，并且具有较强的针对性，能够对人们的思维方式和生活方式产生极大的影响。如果能够从人文素质教育角度对科技哲学问题进行深入研究，那么科技哲学研究的领域范围将会进一步扩大，从而有力地推进教育、社会、经济的发展。

一、科技哲学的前沿分析

进入 21 世纪，在自然科学范畴当中，人文社会科学逐渐渗透进来，它涵盖了政治、文化、科学以及技术，从独特的视角对主体科学进行了理性的批判，对我国科技哲学产生尤为深远的影响。

科学文化哲学研究的学科及内容很多。我们知道学科之间是存在一定差异的。因此科学主义与人文主义之间存在的相关性成了诸多学者研究的对象。有学者指出，在人文哲学与科技哲学两者充分融合的前提下，才能使科学文化哲学在促进人类发展过程中的作用充分有效地展现出来。

二、科技哲学的发展趋势探究

科技哲学要想在新媒体环境下更具有发展空间，多元化发展是其必然趋势。所谓多元化发展是指科技哲学与社会哲学、人文哲学等充分融合，从而使科技哲学的研究更加丰富、更加具有价值性。对于人文科学来说，主要体现在对人生观、价值观的思考，主要研究人生的意义何在。

做好科技哲学与社会科学、人文科学的充分融合，能够使科技哲学的科学基础更加扎实。除此之外，在新学科纷纷呈现的基础上，便极有可能会产生一些分支学术研究内容，如生物工程、生命科学等。在这些研究领域加以完善，显然能够为社会的进步带来不小的推进作用。从科技哲学的前沿角度分析，可以发现科技哲学与人文哲学、社会哲学等密不可分，能够促进学生思考人生观、价值观等问题。除此之外，科技哲学要想在未来发展过程中更具发展前景，一方面需要将科技哲学向自然界的研究领域进行延伸；另一方面需要让科技哲学朝向多元化方向发展，与社会哲学、人文哲学进行充分融合，从而使科技哲学研究内容更加丰富、更具有价值。

三、哲学教育在大学生人文素质教育中发挥的作用

（一）开阔研究视野

哲学中研究的问题对于人文素质教育来说有着开阔视野的作用。如果将两种学科结合起来，能够使人们对于科学的认识更加全面。在当前的社会背景下，越来越多的人将科技哲学的研究领域拓展到人文社会学层面。

（二）提供研究素材

哲学对于人文素质教育的第二个益处就是哲学能够为人文素质教育提供更多的研究素材。大多数学者会选取大学生作为哲学研究的对象，其中部分研究素材对于大学生人文素质教育也同样适用。首先，哲学能为人文素质教育提供进一步的研究基础；其次，哲学能对人文素质教育研究起到启发作用，经验之谈很多时候对于科学研究是很重要的；最后，两个学科相互联系，能够提供更多的研究思路。

（三）深化理论观点

哲学能够给人文素质教育带来新的冲击，这对人文素质教育来说，既是一个新的发展机遇，也是一种挑战。有挑战就有进步，哲学研究者通过对人文素质教育中的问题进行研究，能够使哲学的理论知识更加丰富，有助于提高研究人员的自身水平。人文素质教育研究者通过对哲学的研究可以发现，在哲学研究中考虑的社会问题也会更多，偶然因素和非理性因素也会纳入研究范围。从更深的层面上说，通过研究哲学中存在的问题能够深化人文素质教育的观点。

现代哲学概论课程作为衍生课程，在培养大学生的人文素养方面发挥了十分重要的作用。对于众多的普通本科大学生来说，提升他们创新能力的前提条件是让他们接受严格的训练，所以开创现代哲学概论课程是提升大学生人文素养的一个有效途径，可以从理论知识和实际训练这两个方面进一步提升大学生的创新精神和人文素养。

哲学给人文素质教育研究带来的益处主要是能够使人文素质教育研究者更好地将理论知识升华，并得到新的研究思路。在当前的研究模式下，哲学越来越向人文素质教育研究靠拢。所以说，汲取哲学的养分能够使人文素质教育研究得到更好的发展。

（四）培养创新精神

我国的学生普遍存在考试对答如流、但实际动手能力较弱的情况，长期如此导致我国的大学生缺少创新意识和创新能力。开设现代哲学概论课程就是要拓展大学生的知识面，开拓他们的综合运用能力及创新能力，使其能够满足当代快速发展的新媒体环境对人才的需要。这一课程的内容，需要教师指导学生对某一方向或专题进行探讨研究，用理论知识联系实际，把书本上的知识点和各个概念渗透到实践中。教师还可以通过自己的判断和社会走向来了解当前学科专业发展的前景和最新动向，让大学生积极吸取知识，开拓他们的视野，从而进一步完善知识结构，提升大学生的科技素养。

人类只有不断的创新和开拓才能实现物质追求和精神文明的升华，所以说科技进步的关键在于创新。创新是进步的灵魂，一个民族的进步需要创新，一个国家的进步也需要创新。大学生是国之栋梁，是国家重点培养的对象，他们的创新能力是国家发展的不竭动力，培养大学生的人文素养和创新精神对促进祖国的繁荣昌盛和人类社会的稳定发展是非常重要的。开设现代哲学概论课程的宗旨是弘扬创新精神，提高大学生的人文素养。教师在教学过程中应该以创新教育为中心，促进大学生的全面发展。

第五节　新媒体环境下大学生人文素质教育中的道德教育

孟子是中国古代著名的思想家和教育学家，其有关道德成长的理论可以被概括为"道德成熟论"。孟子认为，人生来便具备善的潜质，即"善端"，它们就像种子的嫩芽，经过不断培养才能成为现实的道德品质。长期以来，孟子的这一理论对于中国以及受儒家传统所影响的许多东亚国家和地区的道德文化和教育产生了持久的影响。然而，自20世纪初开始，这种理论遭到了各方的批判和怀疑，直到近些年这种负面的态度和评价趋势才有所回转。回转的原因在于越来越多的人开始意识到，在当代社会，尤其是在这个物质主义和消费主义的时代，我们不仅需要重新评估孟子，还需要重新发掘道德成熟论在现代生活中所承载的价值。

一、道德教育的基本概念

道德教育具有广义和狭义之分。广义的道德教育泛指一切能够对人们的道德观念和道德行为产生教育意义或影响的社会实践活动，像家庭、学校和社会所开展的各种道德教育活动、社会公益活动等。这些活动都会对人们的思想观念和行为产生道德上的影响，所以都可以被纳入道德教育的范围中。德国教育家约翰·弗里德里希·赫尔巴特说过："我们可以将教育唯一的任务和全部的任务概括为这样一个概念——道德，普遍地被认为是人类的最高目标，因此也是教育的最高目标，谁否认了这一点，谁肯定并不真正知道何为道德，至少他在这里没有发言权。"实际上，赫尔巴特在这里强调了所有的学校教育活动都必须对受教育者发挥道德方面的影响，都必须为提高受教育者的道德水平服务，从而将所有的教育活动都看作一种广义的道德教育活动。不过在现实生活中，人们通常是在狭义上来使用道德教育这一概念。狭义的道德教育通常被看作是学校开展的，以提升学生道德水平为目标的一种系统的教育活动。这种学校教育活动具有强烈的道德相关性，其所期待的目标、所传授的内容都与道德相关。

按照学者们的解释，道德教育是指依据一定的目的，在遵循教育规律的基础上，对人们进行的有组织、有目的地施加系统道德影响的道德活动。由此可见，道德教育主要包括两个方面。第一，依据一定的目的。这个目的是一种道德的目的，它包含了培养道德人格、塑造内在道德品质、形成外在道德风尚等诸多方面，而其核心在于道德人格的养成，所以道德教育过程应当与人们道德人格的形成和完善过程相一致。第二，施加系统的道德影响的道德教育活动。影响主要包括知、情、意、行等各个方面，这些影响的产生都需要依赖系统的教育活动。因此，学校通过课堂讲授、课外实践等各种形式的道德教育活动，对受教育者施加系统的道德影响，提高他们的道德认识，陶冶他们的道德情操，锤炼他们的道德意志，帮助他们确立道德信念，促使他们付诸道德行动，最终帮助他们养成道德习惯。从这里我们可以看出，施加道德影响的道德活动服务于道德人格培养这样一个特殊目的。也就是说，前者是服务后者的手段，前者受后者支配，而后者依赖前者来实现。简言之，道德教育就是一种以塑造道德人格为目标、以道德作为教育内容的教育活动。

（一）"道德教育"与"道德的教育"的异同

在现实生活中，人们似乎很少注意"道德教育"与"道德的教育"的区别，也不会对二者加以严格区分，而是理所当然地认为"道德教育"就是"道德的教育"，即使是那些专门从事道德教育的工作者和研究者也不例外。虽然从本质要求上，"道德教育"确实应该是"道德的教育"，但是实际上二者之间存在着巨大的差别，"道德教育"不等于"道德的教育"，更不必然是"道德的教育"。

"道德的教育"与"道德教育"从构词上看，就是有"的"与无"的"的区别。因此，要弄清"道德的教育"与"道德教育"的差别，有必要先弄清这个"的"的含义。按照《汉语大字典》的解释，"的"具有多重含义，而与这里比较接近的有以下两种解释：第一，用在定语后，表示修饰关系，如铁的纪律、新的生活；第二，表示领属关系，如我的母亲、无产阶级的政党。第一种含义中，"的"之前的字词用来形容"的"之后的字词所指代事物的属性或特点，在这个结构中，其重心在"的"之后的词上。例如，生活可以有不同的样式，既有新的生活，也有旧的生活；既有好的生活，也有坏的生活。但不管如何，它们都属于生活的范围，只不过它们在性质上有所差异而已。在第二种含义中，词语结构的重心在"的"之前的字词上，后者构成了前者所有关系结构中的一种关系。例如，"我"拥有各种各样的关系：爸爸、妈妈、爷爷、奶奶、外公、外婆、老师、学生等，但这些关系都是属于"我的"，都围绕"我"来展开。如果从领属关系的意义来理解"道德的教育"，那么与它相应地就有数学的教育、物理的教育、化学的教育等，因此"道德的教育"实际上就是"道德教育"。从语言简洁性的角度来看，这种用词方式就显得过于啰唆，所以人们在现实生活中表示此含义的时候，都会用"道德教育"而不用"道德的教育"。既然"道德的教育"中的"的"不是在第二种意义上使用的，那么我们回过头来看第一种意义，也就是说在"道德的教育"一词中，"道德"是被用来修饰、形容"教育"的，"道德"表示"教育"的一种特点或属性，也就是这个"教育"是"道德的""教育"，而不是"不道德的""教育"，因此与"道德的教育"相对的不再是数学的教育、物理的教育等，而是"不道德的教育"。

"道德教育"与"道德的教育"之间存在着严格的区别：前者强调的是教育的目的和内容；后者强调的是教育的特征和属性。目的、内容与特征、属性之间存在着一致性，但是这种一致性是就应然性而言的，目的和内容的高尚性、道德性决定了道德教育活动本身也应该是高尚的、道德的，然而应然性并不能简单地等同于现实性，实现从应然到现实的跨越还有一段漫长的道路要走，在行走过程中就有可能会偏离目标，从而使特征和属性发生变化。但是在现实中，人们似乎不愿意做此分析，而是简单化地认为，"道德教育"就必然是"道德的教育"，忽视了"道德教育"变成"不道德的教育"的可能性，对于"道德教育"中不道德现象的发生疏于防范，从而不能有效地防止"道德教育"变成"不道德的教育"。

"道德教育"强调教育的道德内容，"道德的教育"强调教育的道德本性，二者既有联系又有区别。在现实生活中，由于人们受到动机论和效果论道德评价模式的影响，没有把道德教育看作一个完整的过程，忽视了道德教育的手段和方式，把"道德教育"简单地等同于"道德的教育"，使"道德教育"往往变成了"不道德的教育"。对于教师来说，教书育人既是一项职业，也是一项事业，因此每位教师都抱着善意来从事教育工作，都希望自己的学生成才成人，从动机上来说，"道德教育"就是"道德的教育"。由于成人这个目标的模糊性，使其在当今中国的教育中并不为人所重视，人们更多地是把成人等同于成才，认为一个学生成才就是成人了，而成才的标志就是学好课本知识，考上理想的大学，找到理想的工作。在这样一种成才观念的指引下，教师们拼命追求成才的效果，道德教育就变成了知识教育，教师们要想方设法地去提高学生应付考试、获取高分的能力，只要学生成才了，"道德教育"自然就是"道德的教育"。

实际上，在这两种道德观念指导下，道德教育存在着沦为不道德教育的危险。在这两种观念指导下，教师们只关注了道德教育的起点和终点，没有充分考虑教育手段和教育方式的道德性，导致在道德教育过程中，为了追求所谓良好的目的，采取了一些非道德甚至是反道德的教育手段和方式。例如，在传统道德教育中，由于道德教育被混同于知识教育，因而教师们普遍采用的都是灌输式或独白式的道德教育方式。在传统独白式的道德教育中，教师们不但采取了苛责、鞭打、罚站等不道德的体罚手段，而且独白式道德教育本身就是对学生的一种压迫与奴役，是建立在师生严重不平等的基础之上的，因为在此过程中，教师与学生之间是绝对的主客体对立关系，教师在学生面前是以必要的对立面出现的。教师认为学生是无知的，并以此来证实自身存在的合理性。为此，巴西著名教育家保罗·弗莱雷把独白式教育模式称为"压迫者教育学"，可见这种教育模式与现代社会的道德要求背道而驰。

因为道德教育工作者对于这种危险缺乏清醒的认识，所以这种危险在现实中真实地上演。在现实教学过程中，有些教师全然不顾学生和社会的实际情况，只是以纯洁高远的道德理想来教育学生，从而使道德教育沦为虚伪的说教，让学生感到道德教育与现实背道而驰，道德教育不过是睁着眼睛说瞎话；有些教师却为了教育效果——高分与就业率，在教学过程中采用高压政策，甚至动用罚抄作业、罚站等变相体罚等不道德的方式和手段，逼迫学生死记硬背道德知识，导致学生感受不到道德教育的道德性。因而，"道德教育"与"道德的教育"混同的结果，并不是"道德教育"变成了"道德的教育"，而是"道德的教育"被"道德教育"所取代，而"道德教育"又变成了"不道德的教育"。

（二）由"道德教育"走向"道德的教育"

"道德教育"是一种教育活动，而"道德的教育"是对教育活动的定性。从本质上来说，所有的学校教育活动都应该具有道德的性质，这对于道德教育尤其重要。最理想的"道德教育"应该是一种"道德的教育"，"道德的教育"是"道德教育"的本质要求。因为道德教育不是一种知识的教育，在知识教育过程中，教师是以一种超然物外的姿态来讲授客观知识的。也就是说，学生不会将教师讲授的知识和教师本人联系起来，不会用教师所讲授的知识来对教师本人提出要求，因为在此过程中，教师与学生都是以理性的态度来共同面对科学上的"是"，而非道德上的"应该"，他们都不会对对方提出道德上的要求。道德教育与知识教育不同，道德教育不仅要教会学生"是什么、为什么"，更要教会学生"应该做什么、应该怎么做"，因此道德教育不仅是讲理的，还应该用理论指导行动，使理论在行动中得到落实。这也就是说，在对学生进行道德教育的时候，教师不仅是在讲授客观的知识，也是在为学生颁布行为的法则，教师所传授的道德知识就是学生在现实生活中应该遵循的道德法则。

既然道德教育不只是一种知识传授，也对学生提出一种行为要求，那么教师的所作所为就必然会对学生产生至关重要的影响。如果教师仅仅对学生提出种种道德要求，而自己又在教学中公然违背这些道德要求，那么只会增强学生对于道德虚伪性的感受，认为道德是强者对于弱者的要求。而强者是不用遵守道德的，如果每个人都趋向成为强者，那么道德就会被弃之不顾。相反，如果教师在教学过程中以身作则，用自己的实际行动来践行自己所传授的道德内容，按照道德法则的要求来开展道德教育，真正把"道德教育"变成"道德的教育"，那么这个教师就有亲和性，这种道德教育就有感召力，学生才真正会"亲其师"而"信其道"。如孔子作为教育家，之所以追随者甚众且培养出了大量品行高洁之士，就是因为他在开展仁义教育过程中以身作则，严格要求自己，做到了"学而不厌，诲人不倦"，赢得了学生的尊重和爱戴，从而为学生树立了榜样。既然"道德教育"的道德性有助于把学生培养成具有良好思想道德修养的人，那么"道德教育"就应该走向"道德的教育"。为了加速"道德教育"走向"道德的教育"，可以从以下三个方面对道德教育进行调整。

第一，纠正"道德教育"是"道德的教育"的错误看法，主动寻找二者产生偏离的根源。"道德教育"从本性上说，确实应该是"道德的教育"。这也就是说，"道德的教育"不过是"道德教育"的应然状态，然而问题在于应然状态是一种理想的状态，是一种追求的目标，但它并不是"道德教育"的实然状态。在现实中，"道德教育"既有合于应然要求而成为"道德的教育"的情况，又有可能存在"道德教育"偏离应然要求而成为"不道德的教育"的状况，像在日常道德教育过程中，就存在教师不尊重学生的情况，可见在实然状态之中，"道德教育"与"道德的教育"还存在巨大的鸿沟，没有达到真正的统一。只有所有从事道德教育的工作者意识到了二者之间的差别，我们才能有意识地去寻找二者之间产生偏离的根源，才能杜绝这种偏离的滋生和蔓延，促进二者走向统一。

第二，抛弃只重动机或效果的两极化道德评价模式，注重道德教育过程的完整评价。对于一个行为来说，动机与效果虽然对于行为的性质具有重要作用，但是它绝不具有决定性。因为动机与效果是行为的两极，它在一个漫长的行为过程中只是极小的组成部分，所以它们无法完全决定行为的道德性质。要想对一个行为进行道德评价，我们就必须考察完整的行为过程。在评价道德教育过程中，我们不仅要关注道德教育的动机和道德教育的效果，还要关注道德教育的手段和方式，否则我们就无法保证"道德教育"真正是"道德的教育"。这也就意味着，我们对于道德教育要采取动态的道德评价机制，对于道德教育进行道德评估的时候，不仅要审查教育者的动机和受教育者的实际效果，更要审查道德教育工作者在道德教育各个阶段所采取的教育手段和教育方式，从而防止道德教育各个阶段和各个环节偏离"道德的教育"的本质要求。作为道德教育工作者，则要严格按照这种道德评价的要求，完善整个道德教育过程，以免出现不道德的教育手段和方式。

第三，在关注道德教育过程道德性的同时，促进道德教育环境的道德化。道德教育不是在真空中完成的，而是处于各种具体的社会环境之中，道德教育的实效性也会受这些具体社会环境的影响。荀子曾说："蓬生麻中，不扶而直；白沙在涅，与之俱黑。兰槐之根是为芷，其渐之滫，君子不近，庶人不服。其质非不美也，所渐者然也。故君子居必择乡，游必就士，所以防邪僻而近中正也。"这就是强调环境对于道德教育的影响。实际上环境不仅影响道德教育的效果，还会影响道德教育活动本身。一个长期生活在高尚道德氛围中的教育工作者，会采取更加道德的方式和手段来开展道德教育，而那些生活于暴力和专制横行环境中的教育工作者也会受到影响，会采取一些暴力的手段和专制的教育方式。正是由于这一点，美国实用主义哲学家约翰·杜威强调，道德的教育的出发点和归宿不是受教育者而是环境，构建一个道德的学校教育环境乃是道德教育的重点；美国内尔·诺丁斯教授则强调，完美的道德教育并非道德教育这门课程本身，而是学校内部所有的教育活动、所有的人和事都是道德的，因为只有在这样的环境中，人们才能感受到道德的温暖和力量，人们才会自觉自愿地去做一个道德的人，道德教育才能真正发挥润物无声的效果。

反观现实，我们的"道德教育"还远远没有达到变成"道德的教育"的要求，离"道德的教育"还有比较长的距离，为了缩短二者之间的距离，促使"道德教育"变成"道德的教育"，进而提高道德教育的感召力和实效性，我们还需要付出艰辛的努力。虽然沿途充满荆棘，但是只要我们坚持不懈，终点就必然能够到达。

二、新媒体环境下大学生思想道德修养的具体含义

如今，由于各种不道德现象频繁地冲击道德的底线，拷问人们的道德良知，因此人们都希望重树道德的权威，塑造道德的人格，促进社会风气的好转。正是在这种道德愿望的感召之下，道德教育越来越受重视。有学者认为，素质是指个体在先天禀赋的基础上，通过后天对知识和技能的内化升华而形成和发展起来的相对稳定的品质和素养的总称。大学生的思想道德修养包括：思想政治与道德素养、社会实践与志愿服务、科学技术与创新创业、文体艺术与身心发展、技能培训等五个方面。新媒体环境下，我们可以将这几个方面素养概括为"德、智、体、美、劳"的协调统一发展。虽然它们的含义、地位、作用各有不同，但是他们是一个有机的统一体。

"德"指的是大学生的品德培养。中国有句古话："要成才，先成人！"我国一直都非常重视人才的道德培养。要培养当代大学生形成较为稳定的心理特点、思想倾向和行为习惯，必须加强对当代大学生的人文素质教育，使其成为促进社会发展、对社

会有用的，而非阻碍社会发展、危害社会的人才。当今出现了一些犯罪分子利用自己掌握的高科技技术危害社会的行为，被社会称为"高智商犯罪"，这也是人文素质教育缺失的表现。

"智"主要指大学生的专业知识、技能等，在这一点上各大学都较为重视。智育与德育同样重要，它决定了当代大学生终身发展的方向，是衡量我国当代大学生发展情况的重要指标。尤其是在我国"科教兴国，人才强国"的国家战略的要求下，提高当代大学生的知识文化水平意义非凡，对于提升我国的科学技术水平和综合国力有着重要作用。

"体"主要指身体是革命的本钱，有好身体才能更好地学习和生活，这一点无可非议。目前大学生的课外时间自觉参与锻炼的时间更少，大学生应当加强锻炼身体。

美育方面当代大学生也普遍缺失，即使有学生愿意学习一些美学知识也仅仅是出于自己的兴趣。

"劳"主要指的是当代大学生的社会实践活动，如参加一些社区活动、参加专业技能培养或者参加专业实习等。虽然当代大学生的课内外实践活动的种类和方式都比较丰富，但是现在依然存在不少问题，如当代大学生的实践活动大多集中于专业技能方面的实践活动，社区服务活动和志愿者服务活动之类的实践活动则参加得不多。对于教师要求、学校要求的活动参加得多，自愿报名的实践活动参加得少。高等教育是培养高素质人才、创新科技成果的重要基地，新媒体环境下大学生要不断提高自己的德、智、体、美、劳方面的综合素质水平，不仅是其自身发展的需要，也是当今社会和时代对他们提出的更高要求。

三、新媒体环境下提升大学生思想道德修养的意义

我国改革开放的几十年里，高等教育培养了各种人才，为社会建设和发展做出了巨大贡献。但目前我国高等教育依然存在忽视培养人才的综合能力的情况，部分学生既不具备基本的实践技能，也不愿意深入基层工作，导致大学所培养的人才与社会需求脱节。

首先，当代大学生作为掌握高级知识技能的人才，是推动社会进步的积极力量，对生产力的发展起重要作用。因此，提高当代大学生的思想道德修养在经济和社会发展中具有重要意义。

其次，提高当代大学生的思想道德修养有助于适应国家和社会的需要。具有思想道德修养的"十"字型人才相对"一"字型人才在市场竞争中处于优势地位，全能型

人才的培养对于学校的发展也有不可替代的作用。

最后，对于当代大学生个人来说，思想道德修养的提高不仅仅代表自身在人才市场的竞争力的提高，也是自身人生发展的需要，能使其终身受益。大学生要培养自己的外在气质，使自己成为一个"有气质，积极进取，阳光向上"的内外兼修的人才，这样有助于自己在职场中更好地发挥才能，为社会做出更多贡献。

四、新媒体环境下提升大学生思想道德修养的途径

一方面，学校要加强相关课程的设置和相关学科的设置，完善相关的基础设施。大学生要坚持用马克思主义理论武装自己的头脑，形成正确的人生观、价值观和世界观。同时，大学生要努力学习基础知识，加强专业知识学习以促进"智育"的发展。另外，大学生在学习的同时也不能忘记积极参加各种活动，尤其是增强身体素质的活动。目前当代大学生的日常锻炼时间非常少，这是一个不争的事实。除此之外，大学生要注重对美的培养和追求，积极参加各种实践活动，在实践中培养自己的审美能力及创新能力，培养自己高雅的情操，整体提升自身的综合素质。

另一方面，完善学校基础设施及相关配套设施、建设相关制度也是发展当代大学生综合素质的关键。当代大学生可以通过参加学校的实践活动提高自己的思想道德修养。如大学生就业活动中心的设立对于提高当代大学生的思想道德修养起到了积极的作用，大学生通过在就业中心见习或参加活动中心举办的各种活动，不仅锻炼了自己的交往能力和实践能力，还可以提高自身思想道德修养。学校还可以通过完善相关的制度体系来促进当代大学生综合素质的提高，如制订相关的促进学生就业、创业的政策，制订针对当代大学生的奖学金和助学金的政策。这些都是能够促进当代大学生综合素质提高的具体举措。另外，可以制订一个切实可行的针对当代大学生的综合素质的评价机制。构建一个有现实意义又可行的评级机制、制订相关的奖惩措施，对推动大学生综合素质的提高有重要影响。一个公平、公正且具有科学性的评价体系，对当代大学生思想道德修养的提高具有重要意义。

（一）以学生为核心构建思想道德教育体系

思想道德体系建立的根本目的在于提升学生的思想道德修养。目前，传统的教学方式只是根据书本内容强制性地向学生灌输道德知识，学生从心里就很抵触这种方式，这就使思想道德教育成为纸上谈兵，收效甚微。现在的高等学校对学科的划分主要是根据特定职业或岗位对人才的需求来确定的，这就造成学生对知识的接触过于单一，培养出的人才不具有很强的适应性。一旦就业形势发生改变，学生缺少竞争力，就不

能很好地适应社会的发展。构建"专业教育＋通识教育"的人才培养方式，能帮助学生更好地建立正确的人生观、价值观、世界观。道德教育要根据学生的特点因材施教，要充分考虑受教育者个性的发展需求及个性发展的多样性。学校可以组织多样的课下活动，如慰问孤寡老人、帮助环卫工人清扫街道、协助交警指挥交通等，让学生感受到这些默默为社会付出的人的伟大，进而增强学生的社会责任感，提升学生的思想道德修养。

（二）以网络为工具助力思想道德修养教育

网络已经成为大学生日常生活中必不可少的一部分，电脑、智能手机的普及使大学生对社会信息接触得越来越多，网络媒体的舆论导向对大学生来说具有重要意义。就像"感动中国"中的人物，这些人我们很陌生，如果没有网络和媒体我们根本不知道原来身边存在这么多令人感动的人和事。我们应以这样的人为榜样，向他们学习，树立起我们自身的思想道德标杆。网络信息传播的即时性、开放性、互动性，为大学生提供了表现自我、张扬个性的舞台，在网络信息全球化的今天，各个国家、各个民族之间的矛盾纷争不断，在国家和民族利益面前，大学生的爱国主义情怀被激发，维护国家权益、维护民族团结成为大学生共同讨论的话题。新媒体环境下，教师应当以网络为途径助力思想道德修养教育，让大学生感受到身为中国人的骄傲和自豪，让大学生自发地将自己的未来同祖国的繁荣昌盛紧密联系在一起。

（三）在传统文化中发掘思想道德修养教育

大学生是国家的未来，应该承担更多的社会责任，实现更多的社会价值。"修身、齐家、治国、平天下"这句话就阐明了一个人要想成为对家庭、社会、国家有用之人，就要先从自己做起，要修养自身品性，端正自身思想。现今社会，人们对传统文化中的儒家思想越发推崇，儒家学说的精华在于教导人们如何修身立德，培养高尚情操，善待他人。儒家思想提倡的"尊老爱幼""勤奋好学""遵守礼仪""忠君爱国"等理念，在经过了几千年的发展演变后又被赋予了新的时代意义。因此，新媒体环境下道德教育依然是大学生人文素质教育的重要内容。通过深挖优秀传统文化，可以达到培养学生的爱国主义情怀，加强学生自身的社会责任感，提高学生的思想道德修养的目的。

综上所述，加强大学生思想道德修养是一件综合性的任务。高等学校肩负着为国家、为社会输送人才的重任，更应该注重大学生人文素质教育。高等学校应当充分发挥大学生自我反思、自我学习的主观能动性，通过课上教学、课下举办活动等方式，引导大学生树立正确的人生观、价值观，不断提高大学生的人文素养。

第四章　新媒体环境下礼仪与大学生人文素质教育

第一节　礼仪与大学生人文素质教育概述

一、礼仪的内涵与价值

（一）礼仪的内涵

礼仪，顾名思义就是礼节和仪式。它具有规范性、限定性、可操作性、传承性、变动性与差异性。修养是指一个人在理论、知识、艺术、思想等方面的水平，另外还指养成的正确的待人处事的态度。"礼仪修养"一词，便是礼仪与修养的结合，是指人们为了达到某种社交目的，按照一定的礼仪规范要求，结合自己的实际情况，在礼貌品质、意识等方面所进行的自我完善和自我改造。

（二）礼仪的价值

新媒体环境下国家与国家、民族与民族、团体与团体、个人与个人之间的接触和往来越来越频繁，不仅仅是政治军事往来，还包括经济往来、文化交流等各式各样的往来。生活中处处需要适当的礼仪方式，我国走出去的过程中更是需要通过适当的礼仪方式来达到满意的外交效果，从这里来看，加强礼仪修养的价值显而易见。

礼仪主要指人际交往中个体之间的行为规范，它主要通过习俗、传统、情感和习惯等相关形式体现出来。良好的礼仪不仅能够体现民族的气质及个人的修养，还能够展示出国家的魅力。当代大学生是国家发展、社会进步的中坚力量，所以提高当代大学生的礼仪修养对于提高当代大学生的人文素质具有重要的意义。

礼仪对于大学生的形象、性格以及人际关系的形成至关重要，良好的礼仪修养可以极大地提升专业技能较强的学生的外在举止，使这些学生内外兼修，从而在社会竞争中保持优势，有助于提高大学生的就业竞争力。

二、新媒体环境下加强中国大学生的礼仪修养的重要意义

（一）我国优秀传统文化传承的需要

我国自古以来就十分推崇礼仪，认为礼仪是安邦治国之本，可见我国对礼仪的重视程度。荀子曾说："人无礼则不生，事无礼则不成，国无礼则不宁。"由此可见，一直以来礼仪都是我国社会生活中不可分割的一部分，并且是古代人经世济民、安身立命的准则。我国在世界上素有"礼仪之邦"的美誉，而这正是我国礼仪文明一直传承的结果。所以加强当代大学生的礼仪修养是将我国优秀的礼仪文明传承下去的有效渠道，可以满足我国优秀传统文化的传承需要。

（二）构建社会主义精神文明和谐社会的需要

社会主义精神文明建设中一个最基本的内容就是礼仪修养，而这正是我国当前大学生素质教育的重点所在。政府通过颁布相关政策支持精神文明建设，明确提出了"明礼诚信"这一要求。因此，加强当代大学生礼仪修养方面的教育，对构建和谐社会有着极为积极的作用，且意义重大。

（三）大学生综合素质提升的需要

由于长期受到当前教育体制及社会不良风气的影响，当前普遍存在大学生人文素养缺失的现象，礼仪修养正是其中的一方面。衡量一个人的文明程度的标准通常就是礼仪，礼仪不仅能够反映出一个人的道德情操、气质、风度及精神风貌，还在很大程度上体现了一个人的应变能力及交际技巧。大学生要想更好地融入社会，礼仪修养是一门必修的课程。

随着社会的不断发展，逐渐形成了一套礼仪规范，能够遵循这套规范的人就能更好地融入社会，不能遵循这套规范的人则必然会被社会排斥。大学生正是迫切需要得到社会认同的群体，只有成绩优异、礼仪得体并能正确处理人际交往过程中遇到的问题的大学生，才能更快、更好地适应及融入社会。除此之外，加强礼仪修养方面的教育是大学生全面发展的必然要求。随着时代的变迁和社会的不断发展，社会对人才的要求不断提高，不仅要求大学毕业生在校成绩优秀、工作能力出众，还要求大学毕业生综合素质较高，是全面发展的复合型人才。

当今社会，经济发展程度越发完善，人们对文明礼仪的要求也越高。因此，学生塑造良好的外表形象，在其工作、交往中有着非常重要的作用。对于个人如此，对于组织也是如此。可见，在大学人文素质教育中开设个人礼仪教育、社交礼仪常识教育

和必要的交际或形体训练等，对大学生形成端庄的礼仪、渐趋完美的形象至关重要。因此，大学生要想全面发展并且提升自己的综合素质，必须重视礼仪的学习及应用，这样才能让自己成为一个全面发展且德才兼备的人，进而更好地融入社会，为国家的发展贡献力量。

（四）有助于完善大学生人格的需求

人们常说：细节决定成败，性格决定命运。礼仪训练的优劣直接决定着大学生性格的好坏，训练礼仪的过程就是形成良好性格的过程。优良的礼仪给他人的感觉就是谦逊大方、彬彬有礼，因此对于个人魅力的塑造是至关重要的。人格具有一定的魅力，是人的心理过程与特征的总称，是人内在素质与外在素质的统一表现。学校开展思想道德培育课程着重培养的是大学生的宏观教育，对人格培养教育程度还不够。日常生活实践证明，思想道德建设成功的关键是要与日常生活的行为规范紧密结合，生活实践最容易强化人的思想观点、礼仪行为和心理道德。因此，培养大学生思想道德修养与礼仪是推进学生人格向前发展的驱动力。

（五）有助于提升大学生的人文精神

只要有人的地方就会有多种社会关系，在众多的人际关系中，形形色色的人担任着不同的角色。在群体中，人们需要相互配合与协作，进而满足人们各自的需要。所以，大学生建立良好的人际关系对其未来的发展意义非凡。礼仪教育主要涉及交往态度、求职技巧、为人处世等内容。通过对这些方面的培养可以使学生自我修养得到大幅提升，并且拥有很强的自控能力，在与人接触的时候能够保持谦卑与乐于助人。如果学生能长时间地坚持学习礼仪知识，那么其人际交往能力必然得到很大的提升。这些能力对学生将来的发展有着至关重要的作用。

大学教学的重要目的之一是提升大学生的人文精神。一个人的文明举止是否优雅、是否有气质不仅是文化素质底蕴的表现，更是人文素质教育结果的检测。大学生通过对礼仪规则、姿态、语言的学习，会体现出谦逊有礼的风范。

（六）有助于培养大学生的文化认同感

文化是一个民族文明的象征，因此培养大学生的民族文化认同感非常重要。失去民族文化认同感会不利于民族文明的发展。民族文化认同感需要社会各界的努力，所以培养学生的文化认同感十分必要。大学生对道德与礼仪规范的学习，会推动中华民族文化的发展与传承，增强我国文化发展的实力。

三、当代大学生礼仪修养的现状及其原因

（一）当代大学生礼仪修养的现状

目前，大多数大学生的礼仪修养还算不错，但呈下滑趋势已是不争的事实。笔者认为其具体表现有以下几个方面：第一，现在的大学生在家普遍像"小皇帝"一样，衣来伸手，饭来张口，父母稍有责怪或者唠叨过多，便开始顶撞父母，有甚者仅因父母不能满足自己的不合理要求就与父母发生激烈争执。第二，大学生旷课、不守纪律、与教师发生冲突等现象的发生频率在不断增加。第三，新媒体环境下，大学生借网络发展之便，将更多的时间安排在网络游戏、在线聊天、熬夜追剧之中。部分大学生难以区分网络信息的优劣，盲目喜欢网络词汇、追求个性的穿衣打扮方式。总之，当代大学生的礼仪修养确实不尽如人意，仍存在很大的进步空间。

（二）造成当代大学生礼仪修养现状的原因

1.家庭教育的偏失

部分家庭忽略子女在生活中礼仪方面的教育。当代大学生大多都是独生子女，不仅没有兄弟姐妹之间的相处与分享，还普遍存在家长溺爱孩子的现象，使孩子认为目无尊长、以自我为中心是理所应当。大部分孩子"自我"意识强，对于尊重他人、关爱身边人、严于律己、宽以待人做得不到位。部分家庭在教育方式与内容上急功近利，缺少系统的内容，只是一些零星的教育，呈现出盲目性与随意性。

2.自身修养的不足

受各种思想影响，当今社会出现许多"热"，造成当代大学生非常注重自身外在的形象，忙追求穿着时尚、华丽，认识不到礼仪的重要性，待人接物中不知道如何用恰当的方式表达出更好的效果，忽略了礼仪方面的修养。

学校、家庭与社会对大学生教育的匮乏导致大学生礼仪知识不足，从而礼仪意识淡薄，不能认识到加强自身礼仪修养的必要。另外大学生常见的理论与实践的脱节，一定程度上也影响着礼仪修养的知行不一。

3.社会的不良影响

社会的发展，导致各种信息传播的速度极快。一些不良的信息、不文明的行为等礼仪缺失的现象侵蚀着大学生的心灵，给大学生带来一定的负面影响。社会转型，就业压力增大，读书无用论、金钱至上等不良风气，动摇着大学生的信念。一些优秀传统的礼仪观念被淡忘，生活中礼仪缺失现象越来越普遍。

部分大学生对优秀传统的礼仪认知不够，在传统礼仪与现代流行的生活方式矛盾

时，大学生表现得无所适从。有的大学生礼仪修养较好，但往往不被理解。当"有礼行不通"的情况增多时，会直接或间接影响大学生对礼仪修养的认识。

4. 学校对礼仪修养的重视程度不足

虽然素质教育已经推行很多年了，但是应试现象未从根本上得到改善。各学校对礼仪教育的重视程度不同，但实际上大部分学校并不能将礼仪教育落在实处。

人们会过多地注重在孩子年龄比较小的阶段开始培养思想道德与礼仪修养，忽略了大学时期的培养，但其实中小学是培养的初级阶段，大学是将道德与礼仪定型的阶段。加强大学生思想道德与礼仪修养培养尤为重要。但是，在一些高等学校的基础教学中，学校比较重视大学生的科技素养教育，往往忽视了道德文明教育。大多数学校都开设了礼仪课程，但通常都是选修课或者课节安排得很少。大学对人文素质教育的不重视会导致大学生礼仪修养的缺失。

5. 礼仪培养方式单一

大学生的人文素质教育是一个漫长的过程，也是十分重要的过程。礼仪培养的方式方法直接影响着最终的素质教育成果。目前，大学礼仪培养的教学方式还比较单一，大多都是理论课程，并没有与实际生活需要及社会实践相结合，许多方式都是空谈。因此，改进教学方式对培养大学生礼仪修养十分重要。

第二节　新媒体环境下提升我国当代大学生礼仪修养的重要途径

礼仪修养是一种基本的社会准则，其中主要包括行为规范、道德及习俗礼仪等。虽然礼仪修养不受法律的约束，但其却是社会行为的基本准则。我国素有"礼仪之邦"的美誉，几千年灿烂的文明培养了中华民族高尚完善的礼仪。礼仪是一个民族文明进步的标志，是一个民族精神风貌的体现。对个人而言，礼仪是一个人外在美与内在美的有机结合，是衡量道德水准和有无教养的标尺。大学生是国家未来的建设者，大学生学习礼仪、掌握礼仪、自觉执行礼仪规范，既是其人际交往成功的必备条件，也是未来中国文明进步的标志。

大学生人文素质与礼仪修养关系密切，礼仪修养不是与生俱来的，也不是一蹴而就的，而是在后天的不断学习和教化中逐渐形成和提高的。大学生人文素质水平的高低决定着我国未来国民素质水平的高低，所以加强对大学生礼仪修养的培养是十分必要的。目前，大学在学生人文素质教育中还有很多不足之处，笔者针对加强大学生人文素质与礼仪修养的方式做了进一步探究，从校园途径、学生途径及社会途径三个方面给出了指导与建议。

一、校园途径

（一）正确认识礼仪教育观念

中国是礼仪之邦，中华传统文明的核心思想就是"礼"。在现代社会中，道德与礼仪约束着每个人的行为，推动着社会文明有序地向前发展，维系着人与人之间健康和谐的社会关系。礼仪与道德修养是中华文明的传承，是社会发展的根基。教师应该正确认识人文素质教育，注重对学生文明礼仪的培养。教师和学生应该提高认知、转变观念，从本质上明确人文素质教育至关重要，礼仪教育不可缺少。礼仪教育应该在人文素质教育课程中成为重要的组成部分。

大学生的个人形象往往与学校形象画等号，所以大学生是否有礼仪直接体现了这一学校的风貌，提升大学生的礼仪素养等同于提升学校的整体形象。大学要真正看到礼仪在高等教育中的重要性，进而加强礼仪教育，设置礼仪课程，把礼仪教学纳入文化素质教育的总体规划中。

新媒体环境下礼仪教育的目的不仅是让学生懂得一些礼仪知识，更重要的是让学生把学到的礼仪知识应用到社会生活中，并能够有所创新，体现新一代大学生的风范。学校要创造条件组织学生参加礼仪实践活动，如组织升旗仪式、誓师大会、演讲报告、社团活动等，这些活动不仅可以加强学生的集体精神，还可以为学生提供更多践行礼仪知识的好机会。同时，教师在学生参与各种社会活动的时候要给予必要的指导，这样更有利于学生礼仪素质的提高。

（二）让礼仪教育走进课堂

大学应该将礼仪修养纳入教育系统，开设礼仪修养课程，使当代大学生系统地学习礼仪修养方面的知识及实际应用的规范。据了解，我国大部分学校都还没有将礼仪课程设置为大学生必修的课程，这也是导致一些大学生缺乏礼仪修养的原因之一，这会在一定程度上影响大学生今后在职场中的人际交往。所以，将礼仪修养教育归入大学教育体系中是完全有必要的。

在课堂中渗透礼仪教育是提高大学生礼仪的有效途径，有些大学，尤其是以理科专业为主的大学，没有设置人文素质教育课程，使礼仪制度与我国高等教育之间难以有效衔接，使礼仪教育和通识教育独立开来，这对大学生人格的培养极为不利。所以，高等学校必须将礼仪教育作为一门必修课程来开设。除了基本的礼仪教育以外，高等学校还可以通过健身房、体育馆等机构训练学生的形体，提升学生的气质，让学生既有内在美也有外在美，从而整体提高大学生的人文素质。

（三）营造良好礼仪学习氛围

人文素质教育不能局限在课堂教学中，应该在广阔的校园生活中大放异彩，在丰富多彩的校园活动中渗透必要的人文素质教育及礼仪教育。因此，创设良好的学习环境，营造学习礼仪的和谐氛围对提高礼仪教育尤为关键。首先，在校园艺术社团中建立礼仪宣传队，通过宣传队的多项礼仪宣传活动，使广大学生看到宣传队员的礼仪带头作用，引导学生明白优雅的礼仪形象是能够训练出来的。其次，如果学院当中开设秘书专业，那么可以举办相关的比赛进行优秀秘书评选，并将参赛者分成专业组与业余组，然后借助个人才能展示、基础知识掌握程度来进行评选。这种类型的活动一方面可以使学生更加重视对基本的礼仪规范的学习，另一方面可以让学生认识到学习礼仪知识的重要性。再次，图书馆应当购进更多的关于礼仪培养方面的书籍，以供大学生进行学习。最后，教师务必将通过学习礼仪知识以自身的礼仪修养影响学生，让这种良好的礼仪学习氛围在校园中扩散。

（四）强化教师队伍建设

在课堂教育中，教师处于主导地位，所以培养教师的礼仪修养是进行礼仪修养教育的必备条件。在实际课堂教学过程中，教师的一举一动都对学生有着极大的影响，所以要提升当代大学生的礼仪修养，首先应该提升教师的礼仪修养，为大学生的礼仪修养教育活动的展开带来师资方面的保证。

教师要在人文素质教育过程中鼓励学生主动、自觉地进行礼仪交往，进而引导大学生在实践中提升自己的礼仪修养。同时，大学教师更要言传身教，用文明的语言感染学生、用高雅的行为影响学生、用儒雅的礼仪熏陶学生，使学生以自己为榜样并积极主动地学习、效仿。另外，教师应当鼓励学生及时改正自身的不良行为习惯，养成文明理智、礼貌待人、言谈高雅、形象优雅的良好行为习惯。这样学生才能在多种场合都能获得大家的尊重和认可，从而实现学业和事业的同步发展。

（五）加强心理建设

由于学业压力、就业压力大，当代大学生的心理状态起伏波动较大，因此大学生的心理健康呈现出下滑趋势。大学生心理不健康甚至会促使其走上违法犯罪的道路，学校加强心理教育迫在眉睫。学校可以开展一系列的心理健康讲座，创建"礼仪与心理健康"晚会，使大学生认识到道德与礼仪缺失带来的严重后果，形成良好的礼仪日常规范，并自觉遵守。

（六）借鉴优秀礼仪文化

中国传统文化中涉及海量的礼仪经验，可以通过充分借鉴传统文化的方式提高当代大学生的礼仪修养。古人的礼仪教育从孩童时就已经开始，如《童蒙训》《三字经》及《千字文》等广为流传的读物中关于为人处世及修身养德方面的内容所占比例较大。中国传统文化中的礼仪资源是取之不尽、用之不竭的，可以作为我国大学生礼仪修养培养的重要参考。

除此之外，在当今新媒体环境下，还应该借鉴国外一些优秀的文化礼仪方面的经验，这样不仅能够促进我国大学生的国际交往，还能够有效提升我国当代大学生的礼仪修养。如日本企业雇员的礼仪修养直接影响这家企业的发展，关乎企业的兴衰及存亡。社会发展得越快，对于礼仪修养方面的要求就越高。所以当代大学生应该充分借鉴我国优秀传统文化及国外优秀礼仪文化，取其精华，去其糟粕，为己所用，以此有效提升自己的礼仪修养，进而更好地适应当前不断发展的社会。

（七）大力开展有关礼仪文化方面的活动

礼仪修养教育要取得成效，就必须结合实践。礼仪实践活动的开展应该以校园文化活动为载体，学校可以多开展一些丰富多彩的有关礼仪方面的活动，如小品、辩论赛等。除此之外，还可以充分利用校园广播等播报一些名人礼仪外交事件，树立良好的礼仪榜样。同时教师应该多鼓励大学生参加校内外的各种礼仪活动及公共活动，以此不断丰富大学生的礼仪实践经验，将大学生的精神面貌及礼仪魅力充分展示出来。

二、学生途径

（一）充分发挥个人的主观能动性

学习礼仪的前提就是主体有自己的主观要求，礼仪规范是人们自觉自愿遵守和维护的行为准则，是在个人主观意识控制下进行的，大学生只有充分认识到学习礼仪的重要性并愿意投身到礼仪的学习中，才可能努力学习礼仪知识并在生活实践中自觉应用。

教师要让大学生认识到"秀外慧中"的道理。精湛的专业知识和技能对于大学生个人的发展很重要，同时外在的形象、气质对于大学生个人的发展也是非常重要的。个人礼仪在个人整体形象塑造中处于很重要的位置，它反映出一个人的精神面貌和内在气质。

礼仪是一个人外在美与内在美的有机结合，内心善良，自然会善解人意，体贴他人；对美有着很好认识的人，穿着打扮自然大方得体。在社会生活中，人们扮演着不同的角色，最佳的礼仪是人们的礼仪符合社会对这个角色的普遍要求。大学生应在实践中不断认可自己正确的行为，不断发现自己行为中的不足并及时进行改正，把学习礼仪、运用礼仪变成个人自觉的行动，通过长时间不断努力使讲礼仪成为自己的行为习惯。

（二）理论联系实际，循序渐进

礼仪是一门应用科学，大学生不仅要掌握礼仪知识和礼仪规范，更重要的是要把这些礼仪规范自觉应用到自己的学习、生活、工作中去。大学生要在学习过程中，认识到礼仪的重要性；在自己的社交过程中，不断用礼仪来规范自己，改正过去不合礼仪规范的行为；在行为上，与礼仪的要求一致，从而在不断的实践中形成礼仪习惯。

礼仪的学习是个循序渐进、反复实践的过程，一些礼仪知识、礼仪规范要反复体会、不断运用，才能真正掌握。现代社会，人际交往越来越多，大学生在学习了礼仪的理论知识后，要以主动积极的态度，坚持理论和实际相结合，将自己学到的礼仪知识应用到社会实践的方方面面，自觉以礼仪准则规范自己的言谈举止。这样持之以恒，就会逐渐增强我们的礼仪修养，改掉一些粗俗不雅的不良习惯。

（三）丰富文化知识，努力提高个人修养

修养是一个人的气质、涵养、学识的综合体现。修养并非一朝一夕可以养成，提升礼仪修养是一个不断积累、不断精进提高的过程。礼仪修养是个人风度、气质的综合反映，丰富的文化知识是礼仪修养的重要内容，也是提升礼仪品位的坚实基础。讲礼仪、有修养的人一般都是文化知识丰富的人，相对而言，他们考虑问题比较周密，分析问题比较透彻，处理问题比较得当，在人际交往中能够充分体现出他们的个人魅力。因此，大学生还应在学习礼仪知识基础上学习丰富的文化知识，让自觉的礼仪更有内涵，更有品位。

礼仪修养是人一生要学习的课程，大学阶段是一个人世界观、人生观、价值观形成的关键时期，礼仪修养与大学生的成长密切相关，直接决定他们将来能否成为优雅的有修养的人。

新媒体时代，信息技术高速发展，大学生不仅要掌握自己的专业知识，还要重点培养自己的综合素质，努力成为一个有理想、有文化、有道德、有纪律的四有新人，做一名在"德、智、体、美、劳"全面发展的新知识分子。当代大学生思想道德修养的提高对于其人生发展具有促进作用，甚至终身受用。

三、社会途径

（一）加强社会实践

大学生的人文素质教育是一个长期且艰难的过程，需要日积月累才会有成果。人文素质教育在大学期间有着塑造与定型的作用，因此学校除了要在日常理论教学上对大学生进行培养，还要在日常生活实践中对大学生进行培养。例如，可以让大学生走进社区敬老院，关爱孤寡老人，陪老人说说话、聊聊天、整理内务等，使大学生亲身感受思想道德文明建设的成果。社会实践是比理论教学更直观、更具有教学效果的教育方式。所以，教师要改变以往的传统授课方式，鼓励大学生走出校园、走进社会、贴近生活，让大学生在实践中自行思考什么是道德文明，什么是礼仪修养。

人文素质教育最重要的是让学生去实践，社会与学校采取的培养方式最终还是需要大学生去认可、去实践的。因此，大学生要学会自行思考，能对社会中思想道德缺失的现象进行思考与反思。其次，要自觉学习，学会用辩证的、全面的眼光看待问题，不要随波逐流。最后，对于正确的思想道德与礼仪修养要自觉遵守和坚持执行，用自己正确的言行影响他人，充分体现出当代大学生的素质，真正地展示出我国大学生的风采。

（二）创造良好的礼仪环境

父母是孩子最好的老师，所以家庭环境对学生的影响不容忽视。儿童的礼仪规范和社会生活的基本知识等都是从父母身上学起的，因此，家长应该以身作则，认真地教育孩子，使孩子养成懂礼貌、讲礼节等良好的礼仪习惯。一个有礼仪修养的家庭培养出来的孩子必定是有礼仪修养的孩子。除此之外，学校是培养学生礼仪修养的重要场所，学校的校风对学生个人素质培养及今后的职业发展都有着极其重要的影响。同时，社会应该形成一种良好的礼仪修养氛围，制订礼仪规范的相关制度。当一个人处于社会中，周边人都非常讲究文明礼貌，那他自己肯定不会做乱扔垃圾等一些不道德的行为。只有家庭、学校和社会三者共同创建良好的礼仪修养环境，才能更好地培养当代大学生的礼仪修养。

在我国的精神文明建设环境下，大学生礼仪教育是至关重要的环节，因此，教师要结合多方面因素提高大学生礼仪修养，充分调动家庭、社会、个人、学校等多方面力量齐抓共管、群策群力，力争全面、快速地提高大学生礼仪教育速度，使大学生不仅具备丰富的知识，还具有高水平的礼仪修养，成为社会上具有高尚道德修养的高级人才，为中国的富强兴旺贡献力量。

　　总之，大学要结合各方面的力量全面培养大学生的人文素质与礼仪修养，在实际教学中，要深入探究更有效的教学模式，为大学生人文素质教育工作的顺利进行做好准备，为我国综合素质的提升做出努力，为国家培养高素质人才做出贡献。

第五章　新媒体环境下心理健康与大学生人文素质教育

第一节　人文素质教育与大学生心理健康的关系

现阶段我国大学生人文素质和心理健康水平普遍偏低。其中，学校重视不足，政策指导缺失，缺少系统的理论指导、评估和反馈机制不完善是造成大学生心理健康问题的主要原因。在心理学视域下对人文素质教育与大学生心理健康的关系进行理论分析可以看出，大学生人文素质水平与心理健康水平之间呈正相关，两者之间存在良性互动提高的可能性。笔者从心理学视角分析了实施人文素质教育对大学生心理健康产生的积极作用，并给出具有一定可行性的对策。

新媒体环境下，越来越多的学者指出我国公民存在人文素质与心理健康意识方面的缺失。大学生是我国社会主义建设的重要力量，不断提升大学生的专业素养、人文素质、心理健康水平，培养出高素质复合型人才已经成为高等教育所面临的重要课题之一。大学作为我国高等教育的重要组成部分，往往对大学生的人文素质教育和心理健康水平重视不够。因此，本章将从心理学的视域探讨人文素质教育与心理健康的关系。

一、大学生人文素质教育水平与心理健康水平现状

一些学者通过实证调查的方式发现，大学的人文素质教育、大学生人文素质及心理健康水平状况并不乐观。如黄苹通过对大学生人文素质现状的调查发现，大学生人文知识的掌握度较差，人文精神表现不足。焦立涛等采用问卷调查的研究方法调查了大学生人文素质情况，研究结果显示，教师人文素质不高、社会对人文素质教育意识的淡漠以及学生本人对人文素质精神的缺失是造成大学生人文素质水平较低的几种原因。

尽管近年来的许多实证研究显示，大学生心理健康水平整体良好且稳定，但这也从侧面说明这些年大学生心理健康水平并没有明显提高。刘翠英对2007—2014近十

年来的大学生《症状自评量表 SCL90》数据进行分析，研究结果显示，新生总体心理健康水平良好，强迫症状、人际敏感、偏执、焦虑为其主要心理问题。林红的研究指出，大学生在强迫、人际敏感等因子上存在一定的弱势；就其自身而言，心理问题检出率比较高的因子为人际敏感、强迫、敌对、抑郁、偏执。刘兰兰连续三年利用《症状自评量表 SCL90》对大连某大学的 4958 名大学生进行心理健康普查，研究结果显示，近三年大学入学新生的心理健康水平在各个维度上呈现显著的下降趋势。

自 20 世纪 80 年代中期以来，我国大学生存在心理障碍的人数呈逐年增长的趋势，其频率、范围、程度都在不同程度地加快、加大、加深。大学生既要应付由生理变化带来的心理上的变化，又要承受社会环境给予的压力，所以处在各种错综复杂的心理矛盾之中。这些心理矛盾包括生理成熟和心理成熟相对迟缓的矛盾、寻求理解和自我闭锁的心理矛盾、理想性和现实性的矛盾、独立性和依赖性的矛盾、群集友谊和争强好胜的矛盾。相对问题较大的学生来说，更多的学生处于心理亚健康的状态，这是心理健康的灰色地带。

从学校教育来看，注重应试教育会使学生变得功利、以自我为中心；从新媒体环境来看，当今社会网络、媒体十分发达，大量信息良莠并存，部分大学生心理浮躁，难以静下心来读书做学问，盲目追求浅薄的"快餐文化"，缺乏理想与信念，远离经典著作，人文底蕴欠缺，有的甚至漠视他人的情感与生命；从医学的角度来看，这些处于灰色地带的学生虽然各项体检指标都趋于正常，但与健康的学生相比，这部分学生通常表现为学习效率低下，生活质量较差、食欲不佳，注意力涣散，情绪不稳定、易焦虑，对人生没有明确的目标、工作没有动力等。大学生如果长期处于心理亚健康状态，并且不采取有效的手段和措施进行抑制，很容易向心理疾病的状态发展。

现阶段我国大学生人文素质和心理健康水平现状普遍偏低，这样的结果折射出的是教育上的问题。虽然大学生人文素质教育和心理健康教育已在我国推进多年，但执行效果并不十分理想，尤其是一些大学对人文素质教育工作流于表面，对学生心理健康水平的认知也不够重视。

二、心理学视域下人文素质教育与大学生心理健康的关系

面对现状所折射出的教育现实问题，我们应当摆脱缺少理论指导下的低水平重复，让人文素质教育取得提高学生人文素质和心理健康水平的效果。为此，我们有必要先厘清人文素质教育与心理健康之间的关系。

从学科上讲，人文素质教育属于教育学范畴，心理健康属于心理学研究的范畴，

而从通过人文素质教育加强大学生心理健康水平的角度上切入，两者必然存在学科上的交叉和理论方法上相互借鉴的可行性，如教育学、教育心理学、发展心理学等。从研究对象上讲，两者研究的对象都是"人"，即都是与人的相关科学。具体来讲，心理学是研究人类心理活动的学科，而人文素质教育属于教育学中的一种教学理念，在实践中具体的作用对象也是人。因此，人是二者在研究上的结合点。从心理学角度看，人的心理活动作为教育对象的心理基础，必然会对人文素质教育的全过程实施影响，这是人文素质教育可能取得什么样效果的一个前提，而人文素质教育的效果也会反作用于人的心理，这是人文素质教育想要取得什么样的效果的一个前提。这两个前提是在学校开展人文素质教育实践之前必须要弄清楚的理论问题。在相应的理论指导下，才能使人文素质教育的开展有的放矢，在实践过程中不至于造成混乱或出现低水平的重复。

目前，学界关于人文素质的内涵有着不同维度的阐释，但经过概括提炼，人文素质主要包含人文知识与人文精神两方面。同样，关于人文素质教育，学术界也没有给出统一的界定，但几乎所有的界定都有一个共识，即人文素质教育是一种对学生人格进行塑造的教育。目前，我国的大学生人文素质教育也是基于上述理念和概念开展的教育，实践上主要通过两个维度开展：一是开展一系列人文学科课程教育，增加学生人文知识储备；二是加强校园文化环境建设，潜移默化地增强学生人文精神。而这两方面工作的最终目的均是让学生将获得的人文知识在优良人文环境的熏陶下逐步内化形成一种特有的、稳定的、可辨的心理特征（即一种或几种人格特质的组合），进而完善学生的人格，提高其心理健康水平。因此，笔者认为，人文素质教育就是一种特殊的心理教育，大学生人文素质水平与心理健康水平之间应该存在正相关关系，二者之间存在可以通过良性互动以相互提高促进的可能性与可行性，实施好的人文素质教育必然会提高学生的心理健康水平。

三、影响大学生心理素质的因素

社会教育、家庭教育和学校教育等均是影响大学生心理健康的主要因素。

（一）社会环境

新媒体时代的到来，大量涌现的新事物、新思想、新潮流给大学生传统、稳定的价值体系带来很大冲击。网络在给大学生带来新的思想意识和价值观念的同时，也对其身心健康产生了一定影响。

受拜金主义、金钱至上思想的影响，部分图书馆、青少年活动场所的功能也发生了变化，成了谋求经济利益的地方。不良的社会风气，内容不健康的书、影碟和游戏不仅影响了大学生心理的健康发展，还带来了许多社会问题。

（二）学业压力

由于没有了中学时的严密监管和学习重压，不少学生进入大学后因自律性较差，不能掌握大学的学习方法导致考试不及格，从而易引发如心理压力大、自信心下降、意志消沉、过分担忧等复合情绪障碍。并且，大学注重专业知识、专业技能的教育教学模式，忽视对大学生创造能力的培养以及心理健康教育，也不利于大学生形成健康的心理和健全的人格。

（三）就业压力

部分大学生观念陈旧、思想僵化，既不能正确看待当前的就业形势，也不能正确评价自己，小事不愿做、大事做不好，对就业前景悲观失望，对自己的前途丧失信心。

（四）人际关系

一部分大学生由于生活中缺乏情趣，兴趣狭窄，性格孤僻，无法与同学正常相处，进而易患上抑郁症，严重者甚至出现自残、自杀倾向。

（五）家庭教育

父母不当的教育使大学生任性、依赖、骄横。一部分家长在子女考入大学后将更多的精力转移到提供经济支持上，对子女的心理成长关注不够。

四、开展人文素质教育对促进大学生心理健康的积极作用

北京师范大学心理学院发展心理学研究所陈会昌教授指出："进一步认识到通过人文素质的提升，也能够起到调适自我心理的积极引导作用。"

首先，开展人文素质教育有利于大学生身心素质的全面发展。目前，我国大多数学生将自己的时间用于本专业课程学习，极少学习专业领域外的知识，尤其是人文知识。有的学生认为人文学科的学习不能在未来的工作中直接创造经济价值，因此学习人文社科的课程是在浪费时间。笔者认为，专业知识与人文知识应该是相互积极影响的，而不是互斥的。专业知识和专业技能的储备代表了一个人的专业能力，而人文知识和人文精神的渲染代表了一个人的人格，而完善的人格是决定一个人未来的事业发展道路能够走多远的关键因素。当今时代，竞争日趋激烈，过硬的心理素质是学生初入社会寻求工作机会时的第一要素。而培养学生的人文素质从某种程度上有利于提升学生的心理素质，进而促进学生身心健康的全面发展。

其次，开展人文素质教育有利于大学生调节自己的身心健康。由于我国现阶段基础教育重视知识的灌输而忽视学生人格的培养与心理健康的成长，从而导致学生在面临新的环境刺激下易产生心理上适应不良的问题。因此，各大学开展人文素质教育相关课程十分必要，如心理学导论、积极心理学、女性心理学、性心理学等。此类课程的实施不仅可以引导学生学习人文学科方面的知识、培养其主动学习的习惯，也可以帮助大学生解决自身问题、促进其心理成长。学校可以用"助人自助"的咨询心理学理念帮助学生渡过入学初、学习中以及毕业季等各时期的适应不良期，进一步提高大学生的心理健康水平。

再次，开展人文素质教育有利于大学生完善自身人格。从发展心理学的学科角度出发，大学阶段是一个人从青春期后期走向成年早期的重要阶段。在此阶段，大学生在生理上逐渐发育成熟，但在心理上却还没完全独立，因此大学阶段是人格塑造的关键时期。学校开展人文素质课程教育不仅可以增加学生人文知识、提升学生思维方式，更重要的是，在此过程中大学生逐渐形成内化的、稳定的价值观，体现了人文素质教育的价值。同时，通过人文素质教育可以培养学生优良的道德修养和高尚情操，这些无论是对于大学生现阶段的学习，还是将来走向未来的工作岗位，都是非常可贵的心理品质。完善的人格是心理健康的体现，健康的心理更是完善人格的基础，拥有健全的人格才会拥有健康的心理。

最后，学校在教育观念上要加强对人文素质教育和心理健康问题上的认识，理解二者之间的内在联系，在现有体制和自身经济条件的框架下加强对人文素质教育的引导。教师要明确人文素质教育的地位，确立人文素质教育的目标和培养模式，并建立起一套可操作的评估体系。同时，学校要发挥其政策灵活和自由度高的优势，在人文课程设置和校园人文文化环境建设的问题上要因势利导。除此之外，学校要加强硬件建设和师资队伍建设，提高教师自身的人文素质。另外，学校在开展人文素质教育过程中要紧扣学情，抓住大学生的心理特点，在理论高度的指引下，真正把人文素质教育的开展和大学生心理健康水平的提高当成高等教育改革的重要组成部分，为新时代中国特色社会主义建设培养高素质人才。

（一）良好心理素质是社会对大学生的基本要求

健康的身心不仅有利于大学生树立正确的人生观、价值观，形成健全的人格，提高社会适应能力，还有利于大学生身心健康、协调发展，利于他们茁壮成长。大学生只有具备良好的身心素质，才能承担起建设国家、报效祖国的重任。

（二）良好心理素质是大学生成才、发展的基础和关键

大学生成才应具备四项基本素质，其中政治思想素质是主导，科学文化素质是核心，心理品格素质是关键，身体素质是基础。偏离"主导"会方向不清，抓不住"核心"会没有重点，没有良好的身心素质，大学生的成才、发展就会成为无源之水、无本之木。

（三）良好心理素质是大学生发展的内在需要

受社会、家庭以及自身发展的阶段性等因素影响，许多大学生没有形成良好的身心素质，这严重影响其健康成长。因此，为了祖国美好的明天和未来，为了大学生幸福、快乐的人生，教师必须着力培养他们的身心素质。

第二节 大学生良好心理素质的培养

一、大学生心理健康教育模式现状

目前，大学生心理健康教育并不乐观，与新媒体环境下社会对人才的要求仍存在着较大差距。这些差距主要表现在：部分院校对大学生心理健康教育的重要性认识不到位，还未将大学生心理健康教育作为学校学生工作的重要组成部分纳入议事日程；领导体制与工作机制不健全；心理健康教育机构和队伍建设还不能满足需求。调查发现，近一半的大学未成立学生心理健康教育机构，超过三分之一的大学没有专职或兼职心理咨询人员，大部分大学未对班主任和辅导员进行心理健康知识的培训。部分大学虽然建立了心理健康教育机构，开展了心理咨询辅导工作，但心理健康教育活动单一，吸引力和针对性不强，宣传力度不够，没有积极组织大学生开展心理健康宣传日（周）、心理剧场、心理沙龙、心理知识竞赛等活动，更未形成教育与自我教育、课内与课外相结合的心理健康教育形式。

我们必须清醒地意识到，大学生心理健康教育还没有得到应有的重视，大学生的心理健康教育状况尚存在着许多不容忽视的问题。因此，构建多层次、多方面、全方位的，能与大学生身心发展的规律和特点相适应的规范化和机制化的心理健康教育模式，是新媒体环境下加强大学生人文素养的迫切需要，是维护和促进大学生的心理健康、全面提高大学生心理素质的迫切需要。

（一）树立正确的自我意识

健康、正确的自我意识表现为认识自己和对待自己的统一。这就要求大学生既要

能正确分析、观察、评价自己，做到自知；又要能对自己不满意的地方正确看待，肯定、接纳自己，做到自爱。树立正确的自我意识，需要正确定位成才目标，将过度期望转变为适度期望。教师要对学生尊重与要求并重，以鼓励为主、批评为辅；学校要加强校风、班风建设，为大学生自我意识的健康发展创造良好环境。只有多措并举、多管齐下，才能促进大学生自我意识健康发展。

（二）掌握应对心理问题的科学方法

大学生遇到心理困惑或问题时不可逃避，要敢于正视。首先，要掌握科学的思维方法，抓住主要矛盾和矛盾的主要方面，各个击破。其次，主动学习心理健康知识，提高心理健康意识，自觉维护自身的心理健康。最后，通过参与心理健康课学习，阅读心理健康书刊以及寻求心理咨询人员的帮助等途径，正确认识自己的心理状态，针对自己的情况进行心理调整。

（三）合理地控制情绪

人的情绪是有周期性的，总是平和、高峰、平和、低谷、平和……周而复始，循环往复。高峰体验和低谷体验都是短暂的。人在低谷时期较敏感、脆弱，一旦受到外在因素的干扰，极可能采取极端行为，给他人和自己造成无可挽回的损失。所以，大学生处于情绪的低谷期时，要学会做自己情绪的主人，善于调控自己的情绪。首先，合理宣泄。可以找朋友或教师倾诉，唱歌、跳舞等。其次，积极转移。如果感情受挫就转移到学习中去，生活中得不到期望的尊重，就转移到增强自我内涵的活动中去，学习、锻炼、社会实践等都是很好的转移方式。最后，升华提高。对学习效果不满意，就认真分析原因积极改进，当自己屡屡退缩、不敢展现自己时，就寻找机会锻炼自己，直到真正具备实力为止。

（四）积极参加集体活动，增强人际交往能力

人际交往能力与沟通能力是事业发展成败的关键因素。健康的人际交往不仅有利于大学生个性完善、情绪稳定，还有利于增强其团队的合作意识、社会适应能力、人际交往能力、表达能力、动手能力、开拓创新能力、组织管理能力和自控能力等。

此外，积极参加体育锻炼，保持身体健康，也是促进身心健康的重要途径。

总之，大学生身心素质的培养和提高，需要依靠学校有目的、有计划地进行，更需要依靠大学生坚强的意志与毅力及其在平时学习和生活中的锻炼。

二、大学生心理健康教育模式改革策略

大学生心理健康教育无论是作为一项事业还是作为一个科研领域，都具有无限发展的潜力，永远也不会停留在一个水平上。随着国际环境的变化，思想观念的改变，以及各种形态的民族文化的碰撞、融合、发展，大学生的思想意识、价值观念及其心理健康状况也在动态变化着。引起变化的原因也是多方面的，有宏观因素的影响，也有微观因素的影响；有主观因素，也有客观因素；有积极的因素，也有消极的因素。因而必定会有许多新的、热点问题需要我们去探索、去研究、去解决。

（一）强化理念研究

树立正确的大学生心理健康教育理念是十分迫切的。只有先进的理念，才能切实指导大学生的心理健康教育。因此，进一步借鉴、学习先进的大学生心理健康教育理念，并结合实际，形成适合当代大学生心理健康教育的新理念，是学校开展大学生心理健康教育过程中十分重要的任务。

（二）强化教材建设及教学方法研究

目前，大学生心理健康教育的相关教材尚不完善。学校应当根据调查的事实反映出来的问题，认真总结我国大学生心理健康教育教学的实践经验，按照新的要求、新的思路和新的标准修订教材。新教材要做到图文并茂，既有理论指导，又有实际案例；既能适应网络教学，又易被学生接受。同时，要加大对大学生心理健康教育教学方法的研究，做到全面系统、因材施教。

（三）强化队伍建设研究

心理健康教育教师队伍和辅导员队伍既有一定的稳定性，又始终处于吐故纳新、新老交替的动态变化之中，因而这两支队伍的培训工作不可能是一劳永逸的，需要进一步从机制化、规范化和制度化方面加以研究。

（四）强化模式相互作用研究

学校要注意根据大学生心理特点的特殊性制订心理健康教育教学计划，设计合理的课时。教师在授课过程中应当适量引入实际案例进行讲解剖析，在注重理论与实践相结合的同时，要注意调动学生的学习兴趣，加深学生对心理健康的理解和认识。教师应该让学生在情境中体验、在活动中感悟，注重培养学生积极、健康的心态，进而提高心理健康教育效果。心理健康教育包括发展性教育和补救性教育。发展性教育主要是有目的、有计划地对学生的心理素质与心理健康进行培养，使学生的心理品质不

断优化。补救性教育则主要是对心理处于不良状态或心理出现问题的学生开展专门帮助，使之恢复正常状态。这两种教育是不同层次的教育，发展性教育主要面对正常发展的学生，是提高性的；补救性教育则主要是面对心理方面出现不同程度问题的学生，是矫正性的。

大学生心理健康教育模式的各个组成部分及其运行机制还需要建立必要的规章制度，使其更加巩固、更加规范，这样才能发挥出最佳的功效。

（五）强化全员参与的研究

大学生心理健康教育不是孤立存在的，而是一项多角度、全方位的系统工程，需要各院校相互配合，深入研究。特别是大学生心理的高层结构即"三观"的形成，仅靠政工人员，即德育工作者和心理健康教育工作者是不够的，必须有广大教师结合各科教学的积极参与，形成全员参与机制才能发挥心理健康教育的最大功效。因此这方面的研究试点工作亟待深入。

（六）强化大学之间的研究与合作

大学生心理健康教育有自身的特点，有许多共性的东西需要研究与探索。这就需要加强大学之间的交流与合作，营造研究氛围，从而整体推进大学生心理健康教育。

三、促进学生心理健康的教育模式

（一）构建和谐文明的校园环境

和谐文明的校园环境既是校园文化建设的重要内容，也是影响大学生心理素质发展的重要条件。校园建设应做到以科学的理论武装人，以正确的舆论引导人，以高尚的精神塑造人，以优秀的作品鼓舞人，做好宣传、教育和引导。和谐文明的校园环境既能使学生自觉严格要求自己，增强自我心理调节的能力；也能使人与人之间保持和谐的人际关系，利于学生之间相互沟通、相互帮助，使学生保持心理上的平衡。

和谐是人类孜孜以求的理想社会状态，从古代"蓬莱八仙"的神话传说到陶渊明的《桃花源记》，都反映了人们对和谐社会的向往。社会由众多单元组成，只有各单元和谐，才能实现社会整体和谐。

1. 建设团结和谐的领导班子是创建和谐校园的关键

在和谐校园的生存与发展中，教师是根本，班子是关键，校长是灵魂。学校领导班子是学校各项工作的设计者、组织者和带头人，只有学校领导班子的正确领导，全校师生员工才能团结一致，有共识，同努力，形成最大的合力。因此，抓好包括校级领导和中层干部在内的班子建设，是创建和谐校园的关键。

校长是领导班子的班长，是创建和谐校园的核心。从某种意义上说，有什么样的校长，就有什么样的学校。一位好校长会带出一所好学校。领导学校，首先是领导教育思想，其次才是行政上的领导。校长要容人容事，淡化权力意识，既要实施集中领导，发挥集体领导的方向性、引领性作用；又要分层管理，权责到人，充分发挥每名成员的聪明才智，使班子整体效能最大化。校长要把教育的战略决策纳入社会整个大系统，充分开发和利用信息源、财源、师源、生源，依靠社会、家长，在继承前人优秀经验的基础上确定学校的办学思想、办学目的和培养目标，使学校成为构建和谐社会的坚强阵地。

学校还应根据实际需要健全管理机制，以和谐的理念和方法管理学校。领导班子要思想统一、目标一致、团结协作、职责分明。如果领导班子之间为名利、地位分帮派，明争暗斗，必然造成师生员工思想混乱，行动无所适从，形成个性被压抑、矛盾被掩盖、问题被搁置的局面。这样的不利局面，连正常的教育教学秩序都难以维持，就更别谈校园的和谐了。因此，学校领导班子的团结和谐将为创建和谐校园起到重要的示范和导向作用。

2. 打造一支高素质的师资队伍是创建和谐校园的根本

教职工是学校教育教学工作的实施者，是创建和谐校园的主体力量。因此，加强教职工队伍建设是保证创建和谐校园目标得以实现的根本。大学要以教师发展为本，制订学校促进教师专业发展和提高的中长期目标；要全面、发展、辩证地看待教师，承认教师客观存在的差异，公平调控差异；对爱提不同意见或有小毛病的教师，不必求全责备，应以尊重人、激励人、关爱人、发展人为前提，为每个教师的智慧和才能的发挥创造机会和条件；要营造平等友爱、融洽和谐的人际环境，创设民主、积极向上的氛围。

学校必须从教职工的长远发展出发，支持教师参加各类进修和业务培训，为教师提供乐业的空间、发展的空间、创新的空间，以发掘教师的潜能、激发教师的内部工作动力。学校还应突出人文环境的建设，搭建民主平台，营造民主、平等、和谐的管理氛围，让教师参与学校的决策与管理，让教师感到"家"的温暖。学校不应以行政命令压抑教师的个性，而应让教师的精神和人格得到自由发展。在教学活动中，学校应当给予教师充分的自主权，鼓励教师建立自己的教育思想，支持教师进行教改实验，帮助教师形成自己的教学风格。应让教师时时刻刻感到自己是学校的主人，使教师的职业意识、角色认同、教育理念、教学风格、价值取向等与学校的主体文化协调一致。

浓郁而温馨的氛围，严谨高雅、务实进取的精神，应成为学校文化的主流。教师齐心协力才能完成教书育人的重任，因此学校应大力提倡同心同德、团结乐群的协作精神。要注意让教职工在宽容、公平与公正的和谐氛围中竞争，也可以多进行团队合作的竞争，大力培养群体精神和群体意识，从而整体提升教学效益。如果教职工对各类的竞赛看得过紧，对个人荣誉看得过重，于是闭关自守、孤军作战，对同事处处提防，缺乏正确的价值观和群体意识，就需要学校制订考核制度对其加以正确引导，力争让同一学科教师摒弃文人相轻、同行是冤家、保守自卫的陋习，互相学习，共同提高。学校要让不同学科的教师打破画地为牢的学科壁垒与偏见，涉猎其他学科知识，改变自己单一的知识结构，走综合型教师发展之路。团结合作是开展人文素质教育工作的关键。教师只有充分认识到集体的兴衰荣辱关系到自己的切身利益，关系到渴求发展的莘莘学子，才能主动融入和谐、互动的正向校园氛围中。

3. 促进人的和谐发展是创建和谐校园的核心

学校管理是以全体师生员工的和谐发展为核心的。为此，学校应处理好刚性制度约束与人性化人文管理之间的关系。过分追求刚性制度约束，制订完善、严密的规章制度来强化对教职工的控制监督，并不能真正唤起教职工的工作热情，相反还会出现高原现象，如教职工不是真心实意地为学校着想，不是时时处处维护学校的形象，而是事不关己、高高挂起、明知不对、少说为佳。这样一来，学校还有和谐可言吗？

要创建和谐校园，学校领导必须转变观念，以人为本，努力搞好与教职工的关系。因为学校的领导与教职工之间绝不是老板与"打工仔"的关系，学校的教职工也是学校的主人，只是分工不同罢了。学校的事业是育人，如果没有教职工负责任的态度，没有教职工的积极参与，没有教职工创造性的发挥，单靠几个领导的力量，学校不可能创造好成绩。因此，领导应彻底改变单靠"硬性"的行政指令要求教师完成教育教学任务的做法，而是应当把各种任务、要求和教师的态度、感情、利益、发展结合起来，以公平的信念创造各尽所能、各得其所的激励和分配机制，全力营造融洽、和谐的人际关系和民主平等、团结尊重的校园环境。不可否认，目前大多数学校的管理层主要关注的都是学校工作的结果，注重学校管理的效率，出现了对管理主体——教师和学生的忽视。管理的核心是管"人"，人是具有主观能动性的，如果把具有思想、情趣、个性的人当作一般的"物"，见物不见人，过分强调制度的严格，势必造成人际关系紧张、气氛压抑的局面。因此，学校管理应体现人文精神，要人格化、弹性化，充分尊重人、相信人，让每个人都感到自己的重要作用。学校要通过沟通、换位思考、丰富多彩的校园活动、情感交流等多种方式，实现从"量化"向"能动"的转变，努力构建"以人为和，追求人和"的学校管理模式。教师的主人翁意识增强了，就会自觉地把自己和学校的发展紧密地结合在一起，形成"校兴则我兴，校荣则我荣"的观念。全校上下一条心，学校何患不和谐呢？

4.建立新型的师生、生生关系是创建和谐校园的重要内容

良好和谐的师生关系是实施人文素质教育的前提。教师与学生之间应建立起以民主、平等、和谐为基本特征的新型师生关系。大学应当积极创建民主、和谐的学习氛围和精神氛围。师生之间应该是相互交流、相互启发、相互补充的关系，教师和学生要分享彼此的思考、经验和知识，交流彼此的情感、体验与观念，实现教学相长和共同发展。这既意味着教师与学生角色的双重转变——教师式学生和学生式教师，还意味着师生关系向着师生平等、互相合作、彼此尊重、民主教学方面发展。如果教师在与学生的交往中能注意做到理解、尊重、宽容、平等地对待学生，就能建立一种互相信任、和谐共处的良好师生关系。

学生之间也应建立相互尊重、相互激励、相互学习的新型同学人际关系。学生在学校度过的时间是比较长的，学生只有与周围的同学建立良好的关系，保持融洽、正常的交往，才能在心理上得到安全感、归属感。由于学生的生活经历、爱好、个性上存在差异，因此，在待人接物上有一定的主观倾向性，他们很容易由于趣味相投而形成一个个小群体，对班集体产生一定的影响，教师若不加以引导，学生之间就会产生摩擦，破坏彼此的关系。对待存在学习障碍的学生，教师应教育其他学生不要歧视、疏远他们，应该伸出温暖的手拉他们一把，让他们跟着班集体一同进步。通过人文素质教育，教师应当让学生认识到同学之间只有建立良好的关系，学习上互相帮助、取长补短、共同进步，才能对双方都有莫大的好处。教师还应增加学生的合作学习机会，使他们长期处于友好合作的学习氛围中，建立一种亲如兄弟姐妹的和谐关系。同时，教师要优化自己的情感，以健康的情感去感染、教育、鞭策和激励学生，与学生平等、友好地相处。教师应当树立育人为本的思想，在提高科学文化素质的同时，通过各种有趣的活动，使学生思想道德素质、劳动技能素质、心理素质、身体素质等方面都能和谐共进，使学生在活动中互相学习、互相帮助、团结友爱，形成和谐的同学关系。

（二）重视思想教育工作

在我国，将大学生心理健康教育作为一种育人手段，只有 30 多年的历史。20 世纪 80 年代，大学生心理健康教育在我国刚起步时，并没有人意识到心理健康教育与人文素质教育会有关联。20 世纪 90 年代，有人提出心理健康教育应该成为人文素质教育的一部分，从而引起了激烈的争论。然而，在心理健康教育的实践中，人们逐渐

认识到二者的本质是一样的，最终的目标也是一致的，二者开始融合、整合。目前，心理健康教育与人文素质教育共同发挥着促进大学生全面发展的独特作用，形成了鲜明的中国特色。

1.学生人文素质教育与心理健康教育相辅相成

人文素质教育离不开学生健康的心理状态。一个人如果没有良好的人格形态作为内在的心理依据，没有知、情、意的协调发展，就很难将人文素质教育的内容内化为大学生自身的价值信念和道德品行。大学生心理健康教育通过提高大学生的心理素质、调动大学生积极的情感因素的方式，促进其道德品质的形成与价值观念的内化，增强了大学生德育的可接受性和有效性。因此，心理健康教育既可以为有效实施人文素质教育提供心理条件，也是大学生人文素质教育目标和内容的合理扩展和延伸。

人文素质教育的最终目的是要通过提高大学生的思想道德素质，决定他们做人的根本方向和社会价值，帮助他们树立正确的世界观、价值观和人生观。而心理健康教育的最终目标是帮助大学生形成健全的人格，培养出具有远大理想和高尚追求的学生。这些学生往往较其他同学更具备正确的自我认知能力和较强的辨别能力，会以顽强的毅力和积极的态度自觉调适心理、自觉培养健全人格。如果一个大学生没有良好的道德品质，没有伟大的理想抱负，没有拳拳的爱国之心和服务他人的意识，就很难说是一个人格健全的人。从这一点来讲，心理健康教育只有建立在人文素质教育的大目标上，才能有效地促进大学生的心理健康。

思想与心理的形成过程具有统一性。心理是人脑的机能，是客观事物在人脑中的主观反映。思想也有着相同的特点，是客观存在反映在人的头脑中，随后经过思维加工而产生的。思想对心理起决定作用，支配心理活动的方向；心理对思想有反作用，思想的发展变化受心理因素的影响和制约。思想和心理的密切联系决定了大学生人文素质教育与心理健康教育具有内在的、深层次的一致性。因此，只有建立在符合心理规律基础上的人文素质教育才能深入人心，而心理健康教育只有建立在人文素质教育的大目标上，才能真正成为人格完善的手段、途径和方法。

2.重视人文素质教育，加快两者融合

人文素质教育与心理健康教育宏观方面的一致性，决定了二者在微观层面是可以相互借鉴、结合的。近年来，广大人文素质教育工作者与心理健康教育工作者已经进行了大量的探索和实践，取得了可喜的成就，使心理健康教育这一全新的育人手段展现出强大的活力。

经过十几年的发展与完善，我国大学生人文素质教育已经有了较为健全的体制。

上层有学校党委，中层有学生工作处、校团委、宣传部，基层有各系部党支部、团支部，这套体制保证了学校人文素质工作的有效开展。在大学生心理健康教育发展初期，不少人主张大学生心理健康教育应该完全游离于人文素质教育之外，走一条独自发展的道路。然而，二者之间的内在一致性，使大学生心理健康教育与人文素质教育存在着千丝万缕的联系。十多年的理论研究和实践探索表明，心理健康教育工作完全可以在已有人文素质教育体制下良性运行。

教育部在 2003 年颁布的《普通高等学校大学生心理健康教育工作实施纲要（试行）》中指出："各高等学校要成立大学生心理健康教育工作领导小组，主管学生德育工作的党委副书记或副校长任组长，并明确职能部门具体负责协调和组织全校心理健康教育的教学、科研以及辅导或咨询工作。"按照教育部的要求，每所大学都要成立大学生心理健康教育工作领导小组。可以参与小组的职能部门很多，以下部门都可以纳入小组中：学生工作处、团委、宣传部、教务处、校医院、各院系分团委。各大学可以根据本校的实际情况合理组合。

心理健康教育是一项育心的工作，教师具备过硬的思想素质和业务能力才能达到教育目的。但是，这并不意味着心理健康教育是一项高不可攀、只有少数人才能从事的工作。在工作初期，大学生心理健康教育队伍人员很少，远远不能满足学生的需求，一些人文素质教育工作者尝试从事心理健康教育工作时，有人持反对意见，认为人文素质教育工作者不合适做心理健康教育工作。但是经过不断的学习和摸索，许多人文素质教育工作者出色地开展了心理健康教育工作，并且受到了学生的喜爱与欢迎。

事实上，人文素质教育工作者具有丰富的教学经验，更容易理解和掌握心理健康教育的理论基础和实践方法。近年来，经过各级教育主管部门有计划、有组织的系统培训，已有大批的人文素质教育工作者成功转型，加入心理健康教育队伍中，成为大学生心理健康教育队伍的重要组成部分，极大解决了心理健康教育工作人员缺乏的问题。特别是辅导员，他们以独特的优势，出色地开展着大学生心理健康教育工作，受到了学生的认可。

一些大学生人文素质教育工作者常常感到处于被动局面，工作成效不高。其根本原因包括以下几个方面：教育观念偏于功利化，忽视人存在的意义和价值；指导思想上较多地考虑满足社会需要，忽视满足人的发展需要，受教育者的主体性容易被忽视；对大学生人文素质工作的特殊要求和特殊环境不能科学地解剖与分析，而是停留在一般认识和理解上，滋长了教条主义思想和形式主义；强调教育过程中的"价值中立"，认为心理问题与人的价值观无关。其实每个人的行为背后都有着自身的价值体系，价值体系出现了偏差，仅仅纠正心理和行为不会取得根本效果。

大学生人文素质教育和心理健康教育在理念方面的相互借鉴，有助于提高二者的实效性。人文素质教育工作者应更新观念，充分尊重学生在品德形成中的主体地位，少一点说教和灌输，多一点心理健康教育的理念，为有效实施人文素质教育提供良好的心理背景。教师可以从心理健康教育中移植一些方法作为人文素质教育工作的新途径，从而提高人文素质教育工作的成效。如运用心理学的原理、方法和技术来改变学生的心理与行为，借助心理测验及其他测评工具来客观地了解学生的状况、长处、不足以及发展趋势，使人文素质教育更有针对性。教师也可以在人文素质教育中采用会谈、角色扮演、沟通分析等心理辅导中常用的方法，以减少思想工作的阻力，为学生接受教育影响、实现道德内化提供支持。另外，心理健康教育要有人文素质教育的"视野"和"思想方法"，主动地在心理健康教育实践中向学生渗透正确的世界观、人生观和价值观，为学生的心理健康发展打下更坚实的基础。

（三）充分利用资源宣传大学生心理健康知识

目前，人们逐渐意识到心理健康对于一个人全面发展的重要意义，但绝大多数人对如何减轻心理压力、释放不良情绪等心理健康知识知之甚少。因此，我们在对大学生进行心理健康教育时，应充分利用资源，大力宣传心理健康知识。

学校可以利用学校网络，开设专门针对学生心理问题进行咨询的网页。网页可以按照心理问题的类型进行分类，如学业问题、情感问题、就业问题、人际交往问题等，每个板块都安排专业的心理咨询人员在线对学生的心理困惑进行解答。同时，学校可以通过网络的形式宣传心理健康知识。另外，学校可以定期邀请心理专家来学校开展心理讲座，宣传关于心理健康的知识，以及如何进行自我心理调节等。通过这种方式，让学生尽可能多地认识自己可能存在的心理问题。除此之外，可以鼓励学生积极通过咨询、自我调节等措施减轻心理负担。

（四）发挥课堂教学在心理健康教育中的重要作用

课堂是对大学生进行心理健康教育的主要阵地，只有充分利用教学向学生传授有关心理健康的知识，并通过课堂上教师的实际行动改善学生的心理状况，才能够真正促进大学生的心理健康发展。

1. 将心理健康教育与人文素质教育相结合

在教学上，教师应将心理健康教育和人文素质教育结合起来，充分发挥二者的优势。一方面，教师应在心理健康教育过程中融入人文素质的内容，有针对性地对大学生进行人生观、价值观、世界观的教育，帮助学生树立积极向上的人生态度，为其形成良好的心理素质打下坚实的基础；另一方面，在开展人文素质课时，教师应避免单纯地讲解枯燥的理论知识，多利用心理辅导、心理咨询等方式提高思想教育的趣味性，使学生乐于学习。

2．教学内容贴近学生实际情况

心理健康教育的内容应贴近大学生实际面临的心理困扰，有针对性地对学生进行心理知识的讲解和心理辅导。社会大环境的多元化以及大学生面临的心理问题的复杂性要求教师必须不断根据学生的实际情况调整教学内容，尊重学生的个体差异，不断提高心理教育的实际效用，真正做到提升学生的心理健康水平。

3．改革教学评价机制

目前，许多大学生将心理健康教育作为选修课，课程评价方式过于随意。教师的不重视直接导致了学生在学习过程中的随意性。因此，在今后的心理教育中应逐步改革以分数为主的评价机制，侧重考查学生应用心理健康知识分析并解决具体问题的能力。只有这样，才能不断提高教师和学生对心理健康教育的重视程度，真正发挥促进学生心理健康成长的作用。

（五）提高心理咨询服务质量

学校心理咨询是指教师运用心理学的原理与方法，对在校学生的学习、适应、发展、择业等问题给予直接或间接的指导、帮助，并对有关心理障碍或轻微精神疾病进行诊断、矫治的过程。学校心理咨询是当前学校对在校学生进行心理教育、引导的普遍方式和手段。

学校心理咨询的直接目标是提高全体学生的心理素质，最终目标是促进学生人格的健全发展。学校心理咨询是帮助学生开发自身潜能、促进其成长发展的自我教育活动。它以积极的人的发展观为理念，以学生的成长、发展为中心，以"他助—互助—自助"为机制。学校心理咨询是以咨询心理学为主的多学科综合的教育方法与技术，它不是一种指示性的说教，而是耐心细致的聆听和引导；不是一种替代，而是一种协助与服务。

1．大学生心理咨询的意义

就个体发展而言，大学生正处于从青年期向成年期转变的过程中，个体正逐步走向成熟、走向独立，但又尚未真正成熟与独立。并且，这一时期大学生人生观和世界观也尚未成熟，心理、情绪波动较大，面对生活、环境、人生、理想、现实等种种问题，常因苦无良策或处理不当而陷入痛苦、焦虑、失望和困惑之中，有的甚至出现过激或异常的言行。心理问题和心理疾病已成为困扰大学生学习和生活的大问题，如果不能得到及时解决，将严重影响大学生的人格成长和身体健康。

国内外许多企业在招聘职员时会通过专门的心理测试选拔较有潜力的工作人员；运动员在参加重大体育比赛之前，要由心理医生对其进行特殊的训练，帮助他们消除紧张心理，树立战胜对手的信心；政治家为了在竞选中获胜，也请心理咨询专家帮助他们调整心理状态，树立良好的形象。由此可见，心理咨询除了治疗心理疾病以外，还有一个更为重要的作用，即能帮助人们提高心理素质，促进心理潜能的发挥。

大学生普遍没有经历过残酷的磨炼，也没有遇到过挫折和打击，生活可谓一帆风顺。因此，他们的心理承受能力相对较低，挫折耐受性相对较差，对自身的认识和了解也较为肤浅。作为心理咨询教师，不应仅限于解决心理问题、治疗心理疾病这一层面，还应主动地对大学生进行心理学、心理卫生和心理健康等有关知识的传授，加强对大学生的心理素质训练，使他们了解心理活动的一般规律和特点，懂得心理健康对成长的意义，更多地理解自我与他人、自我与社会的关系；使他们学会运用心理学的方法进行自我调节，保持心理平衡、提高心理素质、增进心理健康；使他们更多地了解自己适合干什么，能够干什么，哪儿是自己的最佳位置，如何促进个人潜能的发挥等。只有这样，心理咨询才能发挥它应有的作用。

现代社会，人们越来越重视素质教育，对大学生综合素质的要求也越来越高。过去我们只注重对大学生身体素质、思想素质和智力素质的培养，忽视了他们心理素质的提高，这就像一只木桶，它容量取决于木桶最低的那一块木板的长度，大学生个人的潜能能否充分发挥，关键在于其心理素质是否得到充分重视。因此，心理咨询一个更为重要的功能就是帮助大学生提高心理素质、挖掘心理潜能，以利于他们的能力得到充分发挥。

大学生的心理问题很多时候是与思想问题交织在一起的。要从根本上解决这些心理问题，就必须接受科学的人生观、价值观和道德观的指导。从心理咨询工作者本身来看，咨询师的人生观、价值观和道德观也会对来访者起到示范和潜移默化的作用。心理咨询作为一门独立的学科，它在解决大学生心理问题、预防和治疗大学生心理疾病、优化大学生心理素质和挖掘大学生心理潜能等方面，有着其他学科无法替代的作用。

2. 大学生心理咨询的特点

大学生是一个特殊的社会群体，他们不同于中小学生与成人。在生活环境方面，绝大多数大学生是离开家庭和父母，从四面八方来到大学校园，集中居住在宿舍过着集体生活的；在身心发育方面，大学生又正处在青春发育后期，各种心理矛盾冲突剧烈。因此，大学生在接受心理教育和寻求心理咨询时也表现出与成人或中小学生不同的心理倾向。大学生心理咨询主要有以下几种特点：

（1）有心理障碍时，可能自己认识不到，或者即使知道也不寻求帮助。由于心理咨询工作在我国开展的时间并不长，多数学生对心理咨询的认识不太清晰，甚至产生错误的认识，觉得自己心理十分健康、没有疾病，不需要进行心理咨询。他们没有意识到心理障碍在每个人的身上、每个活动领域中都可能出现，不知道学习中的困扰、考试的焦虑、人际关系不协调造成的烦恼以及青春期的躁动都是心理上的困惑，都可以通过心理咨询获得帮助与指导。因而，大学生对校园中的心理咨询活动态度不积极，觉得心理咨询离自己十分遥远，参与感较弱。如果咨询工作单纯采用个案咨询，则可能来访者无几，收效甚微。

（2）希望获得他人的帮助，愿意与人沟通，但不知怎样面对咨询。由于大学生的社会交往需要较为强烈，所以很希望通过咨询活动与人沟通、解开心结。但又因其社会化过程尚未完成，实际交往能力受到很大限制，加之自尊心较强，不愿暴露隐私，故而不知怎样去进行咨询。如经常有学生虽来到咨询室，谈话却闪烁其词，不知所云；不正面回答问话，顾左右而言他。咨询师如果不能深入细致、步步引导、缩小心理距离，便很难了解他们真实的想法和咨询目的，从而导致访谈失败，不仅使咨询活动劳而无功，而且还会加剧学生心理上的孤独感。

（3）希望参加咨询活动却又难以承受群体压力和同伴讥笑。由于大学生生活在特定的集体环境中，活动喜欢结伴而行。因此，其行为常带有明显的从众性。当整个社会以及他们所在群体对心理咨询认识尚不明确、看法尚有偏见时，有咨询需求的学生想要咨询必须背负着一定的群体压力。例如："你有精神病吗？为什么要去做心理咨询？""心理咨询是不正常的人才需要做的"等等。这些议论常常会影响前来咨询的学生的心态和行为，使想要参加咨询的学生顾虑重重，认为前来咨询是件不光彩的事，咨询就意味着承认自己不正常，所以大多数学生既想参加又怕同伴知道讥笑。有的来访者行为隐蔽、躲躲闪闪；有的来访者希望咨询室设在较隐蔽的地方，谈话也常常有所保留。

（4）有一定调节能力，但更希望得到咨询师的帮助和指导。根据心理咨询的自助性原则，咨询应该是以启发、促进前来咨询的学生的自助能力，使其自己找到最佳的解决问题的方案和最优的发展之路，因此咨询师一般不主张向学生提供明确的指示和结论。但大学生心理咨询却不一定如此。由于他们自身发展水平的限制，虽然已具备了一定的心理调节能力，但离完全自助、完全靠自己的力量走出心理阴影还有一定距离。故而每一个来访者对与之交谈的咨询师抱有很大期望，谈话要求也十分具体。如果咨询师把握不好分寸或没有达到学生的要求、无法使学生满意，就可能使学生对心理咨询产生看法，动摇学生对心理咨询的信心和信赖感。在咨询过程中，咨询师要针对学生所处的环境特点、身心发育特点以及咨询心态特点寻求适当的咨询方式，使咨询活动为学生所理解、接受，真正发挥出应有的作用。

3. 目前大学生心理咨询的常见误区

（1）心理咨询师 = 救世主

一些来访者把心理咨询师当作"救世主"，将自己的所有心理包袱丢给咨询师，以为咨询师可以把它们一一解开，而自己无须思考、无须努力、无须承担责任。然而，心理咨询与心理咨询师只能起到引导、启发、支持、促进来访者改变行为和人格成长的作用。心理咨询师无权把自己的价值观和愿望强加给来访者，更不能替来访者改变或做决定。真正的"救世主"只有一个，那就是来访者自己。只有改变自己、战胜自己，才能超越自我，达到理想目标。

（2）心理咨询 = 思想工作

心理咨询作为医学中的一门学科，有着严谨的理论基础和诊疗程序，它与思想工作是有本质区别的。思想工作的目的是说服对方服从并遵循社会规范、道德标准及集体意志，而心理咨询则是运用专门的理论和技巧寻找心理障碍的症结，予以诊断治疗。咨询师应持客观、中立的态度，而不是对来访者进行批评教育。另外，某些心理障碍同时具有神经生化改变的基础，需要结合药物治疗，这更是思想工作所不能取代的。

（3）心理问题 = 精神病

心理咨询在我国是一门起步较晚的新兴学科，它对人们来说有一种神秘感。来访者通常都是左顾右盼，鼓足了勇气才走进诊室，在医生的反复保证下，才肯倾吐愁苦，或是绕了很大圈子，才把真实的情绪暴露出来。因为大多数人眼里，咨询的人很可能有精神方面的疾病，要不就是有见不得人的隐私或道德品质方面有问题。此外，在中国人的传统观念中，表露情感上的痛苦是软弱无能的表现，对男性来说尤其如此。以上种种原因，使很多人宁愿饱受精神上的痛苦折磨，也不愿或不敢就诊。其实，心理问题与精神病是两个不同的概念。每个人在成长的不同阶段和生活工作的不同方面，都有可能遇到这样那样的问题，导致情绪消极。如果能采取适当的方法予以解释，问题就能顺利地解决；如果不能及时加以正确处理，则会产生持续的不良影响，甚至会出现心理障碍。这样看来，心理问题是日常生活中经常会遇到的。就这些问题求助于心理咨询并不意味着有什么不正常或见不得人的隐私，相反，这表明了个体具有较高的生活目标，希望透过心理咨询更好地完善自我，而不是回避和否认问题，浑浑噩噩地虚度一生。

（4）心理学＝窥视内心

许多来访者不愿或羞于吐露自己的心理活动，认为只要简单说几句，咨询师就能猜出他心中的想法，否则就是咨询师水准不高。其实心理咨询师也是人，他们没有什么特异功能窥见他人的内心世界，他们只是应用心理学的理论和方法对来访者提供的信息进行讨论和分析。因此，来访者需详尽地提供有关情况，帮助咨询师找到来访者的问题和症结，并尽快找出解决方案。

（5）心理咨询＝无所不能

一些来访者将心理咨询师视为"开锁匠"，期盼其能解开来访者自己所有的心结，所以常常求诊一两次就希望看到成效，如果没有达到所希望的"豁然开朗"的心境，就大失所望。实际上，心理咨询是一个连续、艰难的改变过程。心理问题与来访者的个性及生活经历有关，就像一座冰山，堆积已久，没有强烈的求助、改变的动机，没有恒久的决心与抗衡，是难以冰消雪融的。所以，来访者需有打"持久战"的心理准备。

"心病还须心药医"，心理咨询是心理障碍预防和治疗的一种措施，是心理教育的重要组成方面。通过咨询师与来访者的持续而直接的个人接触，帮助来访者在认识、情感和态度方面有所改善，解决其在学习、工作、生活、疾病和康复等方面出现的心理问题，从而使其更好地适应环境，保持身心健康。学校有必要建立心理咨询机构，配备受过专业训练的心理咨询人员开展心理咨询活动。学校可以针对不同的来访者进行个别的咨询，也可以根据症状的一致性开展团体咨询。实践证明，这是很有效果的一种心理教育方式，也是普遍受到学生欢迎的一种方式。只有不断提高心理咨询服务的质量，才能进一步改善大学生心理健康水平。

（六）建立学生心理健康档案

建立学生心理健康教育档案是加强学校心理健康教育工作、实现教育现代化的前提条件和必要保障。它有助于确立具体的、有针对性的心理健康教育的目标、内容、方法与途径；有助于学校心理健康教育的诊断、分析、评估；它可以为学校心理健康教育工作提供操作指南，是学生的身心健康发展动态的监测手段；它可以提高教师教育决策和科学研究的水平；它可以为学校的宏观管理提供决策依据。建立学生心理健康教育档案是一项具有很强的科学性、专业性和技术性的工作。心理健康教育工作者只有在了解学生心理健康教育档案的含义，掌握学生心理健康教育档案管理原则的基础上，才能建立起科学的、适用的心理健康教育档案，才能正确使用与管理好心理健康教育档案。

1. 学生心理档案的概念

学生心理健康教育档案有广义和狭义之分。狭义的学生心理健康教育档案是指对个体心理发展变化特点、心理测验结果、学校心理咨询与辅导记录等材料的集中保存。这些资料按照一定的顺序排列，组成一个有内在联系的体系，如实反映学生的心理状况。它是学校为了更好地开展心理健康教育工作而建立起来的档案材料。而广义的学生心理健康教育档案还包括学校心理健康教育活动的有关资料，如学校心理健康教育的计划、课程开设、活动安排、教研活动、研究课题及成果、效果评估和管理工作记录等。

理解狭义的学生心理健康教育档案要把握以下几点：

第一，学生心理健康教育档案是专门的档案，是由学校心理辅导教师建立的。学生心理健康档案应有专门的教师负责并设有健全的管理制度。如果没有专业教师的参与，学生心理健康教育档案的建立可能会失去科学性、客观性、全面性和实用性。

第二，学生心理健康教育档案是有关学生心理变化特点及有关咨询、辅导的记录，而不是指学籍档案。学生的学业成绩、体能测试、教师对学生的操行评语、奖惩记录等都是学籍档案，它能公开让教师、家长及学生了解。而心理健康档案更具隐私性，主要是为心理健康教育工作服务，除经本人同意和特殊情况外，教师、家长甚至法律部门也不能随意查阅学生的心理健康教育档案。因此，对它的管理应更加严格和规范。

第三，学生心理健康教育档案是学生心理变化特点的真实记录。从幼儿期、儿童期到青少年时期，每个时期都有不同的心理特点及心理冲突，任何人都不能依照自己的观点去增加或删改档案的内容。

第四，建立学生心理健康档案的根本目的是更好地教育和培养学生，促进学生心理健康全面地发展。

2. 建立学生心理档案的意义

学生心理健康档案既是学校心理健康教育工作开展的必要依据，又是学生接受心理健康教育的原始记录。它将为心理科学的研究提供大量的、客观的第一手材料，对于学校教育科学化具有十分重要的意义。具体来说，有以下几点：

（1）为学校的科学管理提供心理学依据

通过建立学生心理健康教育档案，能及时准确地掌握和了解全校学生的心理发展规律、特点以及现状，从而为学校的科学管理提供心理学依据。同时，建立学生心理健康教育档案既可以为学校的分班教学、个别化教学提供前提条件，也可以为特殊学生提供鉴别、筛选和培养的措施。另外，心理健康教育档案所反映出来的学生兴趣爱好的信息可以为丰富课外活动、满足学生的正当心理需求提供决策依据。

（2）有助于完善教学工作，提高教学质量

要了解学生、分析学生、帮助和教育学生，就必须掌握学生的心理发展规律。学校教育工作如果缺少了心理素质的培养，就是不完全的教育。而建立学生心理档案，不仅为心理健康教育提供了依据和信息，也为教师了解学生缩短了周期、节约了时间、提高了效率。

（3）有助于开展学校心理健康教育工作

建立学生心理健康档案，可以使心理咨询教师及时了解和发现学生的心理发展状况，从而采取相关措施有效地帮助学生，保证学校心理健康教育工作的正常开展。

（4）有助于提高教师的教育教学质量及科学研究的水平

要提高教育教学质量，教师必须了解学生个体间的心理差异，进而贯彻落实因材施教的原则。建立学生心理健康档案，能直接为教师科学地管理和教育学生提供依据，使教师在教育工作中能有的放矢，降低盲目性，提高针对性，进而提高教育教学质量。

学生心理健康教育档案的建立还有助于加强教师对学生心理的研究、提高科学研究的水平。心理健康教育档案自身具有很大的研究价值，主要表现在两个方面：一是为学校心理健康教育研究提供资料，二是为更广泛的人文素质教育研究提供资料。

3.建立学生心理档案的原则

我国学者刘华山提出了搜集学生心理辅导资料，建立心理健康档案的三条原则：客观性原则、系统性原则和多样化原则。吴增强提出了建立学生心理档案的两条原则：客观性原则和适用性原则。笔者根据长期的实践研究，拟定了以下六条原则：

（1）科学性原则

科学性原则即实事求是原则，指在心理健康教育档案建立过程中要尊重学生的客观心理事实，要有科学严肃的态度。首先，在测评工具的选择上要有科学性。应选择那些标准化心理测验，并且要有较高的信度和效度，那些在科普刊物或一般杂志上登载的、没有信度和效度的测验是不能使用的。其次，施测时必须遵循严格的操作程序。最后，要实事求是地描述建档过程中所获得的结果或信息，并结合学生的现实表现进行科学、慎重的分析与归纳。

（2）系统性原则

系统性原则即整体性原则，指建立学生心理健康教育档案时应系统地、多方面地搜集学生的各种信息，对学生的心理状况进行全面检查和系统分析，以便从整体上把握学生的心理特征。由于学生对某一刺激的反应，受时间、环境、主体状况等多种因素的影响和制约，因此在建立学生心理健康教育档案时必须坚持系统性原则。

（3）发展性原则

发展性原则即动态性原则，指心理健康教育工作者要从发展变化的角度看待学生，以积极的态度指导和帮助学生，把心理健康教育档案建设成为一个动态的档案。由于学生的身体发育和心理发展尚未成熟，随着学生年龄的增长，教师原来了解到的学生心理状况已不能准确地反映其现在的心理特点，因此在建立学生心理健康教育档案过程中要坚持发展性原则。

（4）保密性原则

保密性原则指心理健康教育工作者要对学生心理健康教育档案的内容做到绝对保密，不得随意将心理健康教育档案的内容告知他人。由于心理健康教育档案中有些内容涉及学生（或家长）的个人隐私，有些带有心理暗示效应，有些涉及人际关系，有些是学生心理问题或心理障碍的记录，还有些一旦公开可能会伤害学生的自尊心等，因此只要是学生不愿意公开的、不利于学生心理健康发展的和违反心理咨询工作原则的心理健康教育档案内容必须严格保密，不能给学校领导、教师、家长或其他人阅读或评价。当然，心理健康教育档案内容的保密也应有层次性，对有些心理健康教育档案的内容就没有必要严格保密，如学生的学习兴趣、学习动机和学习习惯等。

（5）教育性原则

教育性原则指学校建立的心理健康教育档案有利于提高学校的教育质量、教学水平和管理水平，要有利于学生心理的健康发展，要有效地为实现学校的教育目标服务。为此，应把建立心理健康教育档案看作是教书育人系统工作中的一个重要环节，要从教育和预防的角度去开展这项工作，不能用心理健康教育档案的材料给学生贴标签、戴帽子；要把提高学生素质、培养合格人才作为建立心理健康教育档案工作的出发点。

（6）经济性原则

经济性原则即最佳经济原则，指在建立学生心理健康教育档案过程中，力求以最少的人力、物力、财力和时间，获得最好的效果。简言之，就是要以最小的投入建立起高质量的、适用的心理健康教育档案。

4.学生心理健康教育档案的应用

（1）学生心理健康教育档案在学校管理中的应用

学校管理工作的一个主要环节，就是对学生按照"减少个别差异的范围与程度"的原则进行比较"同质性"的分班。"同质性"的具体含义如下：

①学生当前的智力开发水平相当——知识基础和认知水平接近的学生组成的班级

集体，有利于教师在教学中寻找学生相同的发展区域或者是学生相同的学习需要。

②学生的性格类型比较接近——性格类型反差不大的学生，对教师授课方式、讲话方式、表扬与批评方式的看法也基本一致，有利于教师利用相同的教学方式，达到比较理想的教学效果。

③学生的学习能力比较相近——学习能力的相近，对教师在教学过程中适应学生的个性化需要是最有帮助的。

④学生的学习动机水平相当——学习动机水平不同的学生，需要教师激励的强度、密度与方式都不同。也就是说，教师在课堂教学过程中的主要教学行为、辅助教学行为和管理教学行为的时间、精力所占的比例均不相同。

⑤学生当前的学习适应性水平比较同步——把学习适应性水平同步发展的学生集合在一个教学班中教学，既能提高教学的针对性，也能使教师的有效教学行为的比重加大，从而提高教学效率。

（2）学生心理健康教育档案在班级管理中的应用

在我国大班教学的环境下，学生的个别差异是客观存在的。就算进行了各种形式的"同质性"分班，学生的个体差异也不可能完全消除。如何适应学生的个别化特征与需要，使管理工作与教育教学工作更具有针对性，是每位教师都需要认真思考的课题。

在班级管理中，只有触摸到不同类型学生的不同学习行为的表观特征、心理诱因与心理内核，才能捕捉学生个别差异的真正实质，也才能制订行之有效的教学策略与措施，使教师的教学行为有效化，使学生的学习行为有效化。

（3）学生心理档案在学科教学中的应用

在常规教学工作中，教师如果能科学合理地运用学生心理健康教育档案，全面把握学生的个别化特征，客观科学地分析学生的个别化需要，就能制订出具有针对性和客观性的教学策略，就能为提高教学质量和效率提供必不可少的有用信息。

5. 学生心理档案的管理

只有加强对学生心理档案的管理，才能使学生心理档案更好地发挥作用。在管理学生心理档案的过程中，教师必须注意以下几点：第一，应建立学校心理健康教育室，专门负责心理健康教育档案的建立、使用和管理工作。第二，应建立和健全学生心理健康教育档案的管理制度，明确心理健康教育工作者的职责。心理健康教育工作者不能随意外借学生的心理健康档案。第三，应建立学生心理健康教育档案计算机管理系统，提高心理健康教育档案的现代化管理水平。利用计算机来处理心理健康教育档案材料，使心理健康教育档案管理信息化，不仅可以提升工作效率，保证资料管理和分析的规范与准确，减少失误与差错，还可以从多种角度迅速得到相关资料，为心理健康教育工作提供有价值的信息。

第六章　新媒体环境下校园生活与大学生人文素质教育

第一节　大学生应树立崇高的理想和信念

大学生政治思想教育活动开设的前提是对大学生进行人文素质教育，这是整个教育活动的关键要点。本节主要分析大学生具备理想和信念的意义，并从培养大学生理想信念的角度探寻教育理论，培养学生形成良好的价值观，使大学生人文素质教育发挥作用。

当代大学生是我国社会主义事业的接班人和建设者，他们的理念、思想倾向、意识与党和社会主义建设有着直接关系。因此，开设理想信念教育的目的是让学生具有共同的理想信念，这是新媒体环境下大学生必须具备的人文素养。

大学教育和时代变革密切相关，它既是时代变革的推动力，也受时代变革的影响。随着新媒体技术的不断发展，知识、技术、人才及其综合素质备受推崇，为大学发展指明了方向并提出了要求。大学也顺应了时代要求，不断地完善自身。我国大学要把握新媒体时代带来的机遇与挑战，在新媒体环境下找准定位，正确抉择。

一、时代变革与大学发展

时代变革对人类生活有深度、广度上的影响，体现为人的生活习惯、思维方式、价值观、人类共同体架构的深刻变化和经济、文化、政治、环境结构的完善。毋庸置疑，时代变革对大学发展也会产生一定影响。如今，我国正处于新媒体时代，如何顺应时代变革，引领社会进步，是大学发展的重要命题。

大学既要承载自身使命，即教书育人、传递知识，也要担负信息技术拓展、科学研究、服务社会的职能。各国高等教育发展顺应了时代需求，正在推动着一系列改革。大学的科研成果正通过转化进行规模生产，是经济增长的一大引擎。

二、新媒体环境下我国大学对发展道路的抉择

充分利用信息技术，在新媒体环境下取得重大发展，关键在于生产要素的优化配置。现阶段，我国必须注重技术创新、管理体制创新和人才培养创新。人力资源始终是经济社会发展的根本主导力量，是时代发展的旗手，因此，应该充分发挥人力资源的才智和能力，争取在技术和管理创新上得到持续性动力。我国的高等教育事业发展为人才储备提供了可能，在接受高等教育的人中，能够承担技术创新重任的科研人员、工程技术人员以及管理精英不在少数。

大学是高等教育的最主要机构，大学发展是高等教育发展的重中之重，也是培养高端人才的关键。我国大学的发展必须紧扣时代变革背景，牢牢把握新媒体环境下的核心发展要素：技术进步、管理创新、优质人才。人才是技术进步、管理创新的载体，技术进步需要职业教育和科研攻关，管理创新需要学习复合知识。

不可否认，目前我国大学发展依然存在较多不足，如宏观管理体制机械、学术水平低、毕业生就业参差不齐、区域教育质量差异大等。为此，大学发展应该内外部协调，教育行政部门应该"无为而治"，赋予大学自主权，以财政投资为主，均衡配置教育资源，维持教育公平，提供更多受教育和深造的机会，引导大学朝着现代化方向前进。现代大学发展需要社会的广泛参与，但必须以大学主体的自觉性为本。大学自身应该明确定位，捍卫学术自由，提高教学质量，提升毕业生技能与综合素质。

我国大学系统一般包括高等职业院校和本科院校。本科院校又分为教学型本科、研究型本科、教学研究型本科；教学型本科又称为地方应用型本科，也偏向职业教育。大学发展必须明确定位，职业教育、科研都是时代进步的需要。科研导向的院校必须捍卫学术自由、学术纯真，占据学术知识制高点，扎扎实实做好基础科学研究，为大规模的实验室研究开发充实基底；职业教育导向的院校必须提升教学质量，与企业良性互动，为学生就业造就实践机会。这两种类型的院校都不能辜负大学的崇高使命，不仅要服务社会，还要培养人的完善品格，积极开展大学生人文素质教育。

三、强化大学生理想信念教育的重要意义

目前，大学生理想信念教育存在很多新问题，这就要求大学校园必须重视大学生的理想和信念教育。第一，从大学生的角度思考问题。大学生处于青年时期，处于理想信念形成的关键阶段，所以当代大学生应将马列主义、毛泽东思想作为理论学习指导思想，在掌握唯物辩证主义和历史唯物主义的情况下，对马克思主义的世界观和价

值观有新的认同。但由于当前大学对大学生人文素质教育工作的开展力度不够，学生很难深刻地体验和思考自己的人生，也很难牢固地树立自身的理想和信念，这就导致很多大学生思想空虚、人文素养欠缺的状况发生，从而对学生今后的发展产生了不利影响。大学生作为祖国发展的主力军、民族发展的希望，应在强化自身思想理念的前提下，将马列主义看作理想信念活动开展的核心要素，树立起为共产主义而努力的理念，并积极地与其他错误思想进行斗争。大学应当加强培养学生的人文素质，促使其形成完美人格，最终能走向美好的未来人生道路。第二，从社会发展的角度探寻问题。我国还处于社会主义初级阶段，该阶段已经成为我国历史发展中不可或缺的关键性阶段，在未来一段时间我国还是会处于这一发展阶段，党和国家在此阶段依旧是以建设具有中国特色的社会主义中国为核心理念，且这一理念是需要我党长期执行的，也是社会主义理想理念发展中的必经阶段。因此，我党始终坚持走对外开放的道路，力争活跃我国的经济。但是，在此开放期间会有大量的外国思潮涌入，并对大学生的思想产生影响。在此情况下，如果放松对大学生的政治思想工作，不利用马克思主义理念教育学生，就可能会有很多不良的思想乘虚而入，因此，强化学生的社会主义和共产主义教育理念十分必要。

四、大学生理想与信念教育的有效途径研究

（一）以未来发展做切入点

当代大学生心中都有一片天地留给了自己的理想和抱负，希望得到施展才华的机会，希望自己得到社会群体的广泛认可。但是他们未经世事，对于社会当中的不公很容易产生悲观和失望的想法，甚至会产生愤怒感。在他们进入社会后、经历了社会所带来的挫折，便会对自己的信念产生怀疑，对自己所坚持的理想和目标产生动摇。教师在进行理想与信念教育的过程中，应积极帮助学生将个人的前途与科学信念相融合，认清社会的真实情况，对自己未来的发展道路进行合理的规划，这对大学生的理想信念建设工作有非常大的帮助。教师要从多方面引导，如全方位地向学生展示新中国自建立以来所取得的成就，将改革开放前后的国家情况作对比，使大学生认清现实，了解每一次的成功都需要付出巨大的努力，帮助学生将自身成长的条件与当今的时代特点联系到一起，让学生真正地理解个人命运与国家的紧密联系，认识到共产主义最高理想不仅仅是我们在建设国家、促进社会发展时的精神动力，更是我们行为上的思想指引；教师可以用各项数据向学生进行阐述，说明什么才是社会主流思想，什么才是国家发展的主导思想，使学生能够将眼光放得更加长远，认清社会当中的个别事例与

大潮流之间的关系，使学生能够全面地观察社会、认清社会。

（二）重视教学方法的传授

大学生群体是一个勤于思考和探索的群体，但这个群体在知识存储量方面还略显单薄，特别是在科学研究方面还有很多不妥之处，因而极易出现片面的观点和理念。教师要通过理论知识帮助学生科学合理地认识马克思主义，要求学生能结合自己所学的知识对马克思主义有新的认识。当前是信息技术逐年普及的时代，部分学生对信息技术的占有量远远大于教师的信息技术存储量，在很多技术方面甚至精于教师。教师的主要优势是卓越的分析能力，而不是较多的知识占有量，所以教师在传授知识时应尽量结合自己的阅历，给学生展示教师的理论知识分析能力，让学生对知识有深刻的认知，并结合自身现有的知识储备了解知识、深化知识、感悟知识。故此，我们能判定人文素质教育工作的重点是要将马克思主义理论内容全部传授给学生，让学生使用马克思主义科学合理地认识这个世界、理解这个世界，最终让学生能以科学的理想信念指导自己的行为。

学生的道德本性是具有实践性的，所以人文素质教育的重点与核心是培养学生的道德素质、道德选择、心理调控能力、实践能力。人文素质教育不是单纯地说教，而是要通过心理教育帮助学生解决生活和学习中存在的问题，或帮助学生解决实践生活中遭遇的各类问题。另外，教师在教学时应适度更新教学方法，探寻人文素质教育的手段、方法是否运用得当，是否能影响到素质教育的最终效果。只有将优质的人文素质教育资源与素质教育更好地契合在一起，才能让两者共同发展，最终形成有效的教育手段。

（三）与文化教育结合

在理想与信念的教育过程中，有很多例子供我们参考。例如，加拿大是一个由多民族组成的国家，因此，多年来加拿大已经形成了多种信仰共存的局面。从20世纪70年代开始，加拿大推行多元化教育制度，并通过开设文化意识相关课程将学生的文化意识引向多元化发展的道路，从而进一步培养学生的国家观念和社会观念，使不同种类的社会意识形态逐渐融入人们的日常生活以及学生的教育工作当中，逐渐形成一个思想上的共同体。同时，在语言类相关课程以及多民族文化的相关课程中，将组成国家的各个民族的文化和语言向所有的学生进行讲解，使学生能够对不同民族产生认同感，同时也对加拿大的多元文化产生认可。这种成功的文化教育方法非常值得我国借鉴，在文化教育中引入理想信念可以帮助学生加强对理想信念的认同感，从而使学生树立正确的信念。文化教育的融入能对学生产生积极影响，避免直接开展思想与信念教育导致学生心理产生逆反与抵触心理。

　　大学生作为国家发展的重要后备军，其思想健康与否关系着国家未来的发展。大学生心中应该具有符合社会主流思想的理想和信念，应当以自己的理想为奋斗目标，用坚定的信念去执行自己应该完成的任务。在教学中，相关教育工作者应该加强大学生的理想与信念教育，要通过全方位、多角度的引导，使学生能够认清现实，了解社会的真实情况；使学生摆脱天真的理想主义，真正面对社会竞争。要通过理想与信念教育，让学生拥有真正符合社会发展潮流的理想，并且在追寻自己理想的道路中坚定地走下去，以过硬的心理素质面对不公，以建设国家为自己的最高理想。

五、大学生人文素质教育工作中理想信念教育的实施

　　对大学生实施理想信念教育，不仅能促进学生全面发展，还能充分发挥学生和教师的互动和积极性，使教师利用各种高科技手段，创新教学方法，进而帮助学生树立正确的理想信念。所以，大学在实际发展中必须认清自身在进行人文素质教育时存在的问题，并根据这些问题提出解决的措施，以便为今后的发展开辟道路，从而促进大学生理想信念的提高。

　　第一，创新人文素质教育机制。实践是一切事物发展的基础，人文素质教育中的理想信念教育工作必须积极利用创新机制，并加强学生理想信念教育的时效性。学生能够通过实践活动更好地认识社会、提高意志力，纠正错误的思想行为，从而提高自身的综合素养。所以，大学生理想信念教育中的实践教育是不可或缺的。学校可以组织多种有效的社会实践活动来丰富大学生人文素质教育的内容，并积极拓展学生创新思维，让学生通过自身的实践了解理想信念的内涵。例如，利用课内实践改善学生被动接受知识的现象；利用小组合作讨论的形式，提高学生运用人文素质理论分析问题和解决问题的能力；组织社会活动，为学生营造良好的理想信念教育气氛；组织学生参与社会调查，使学生更加明确自己的职业规划和人生目标。教师在教学的过程中要善于激发学生的主观能动性，使学生在日常的学习和生活中养成良好的习惯，做到相互尊重、相互激励、团结同学，做事情必须以理服人、以情感人，教师要利用寓教于乐的方式有效促进学生的思想教育水平的提高。

　　第二，创新学生思想观念，完善大学理想信念教育。大学生人文素质教育中的创新，一是要把思想观念创新融入人文素质教育，并在教学中指导学生积极提高自我修养、不断完善自己、树立终身学习的目标，增强学生主体意识和责任意识。二是要把大学生的自身特点作为人文素质教育创新的切入点，正视大学生的发展特点；教育工

作者要把理想信念作为人文素质教育的主要目标，利用改革的精神和独特的方法积极引导大学生向着正确的方向发展，用以人为本的教育理念纠正各种不良思想。三是在新媒体环境下，人文素质教育工作要强调学生在课堂上的主体地位，通过改革创新、强化基础思路等方式提高大学生人文素质素养，帮助学生形成高尚的理想信念和思想意识，促进大学生更好发展。

第三，将理想信念教育与学生综合素质相结合。理想信念教育和综合素质教育已经成为人文素质教育工作的核心，大学的文化教育工作必须将人文素质工作放在第一位。加强校园文化建设，促进人文素质课和校园文化的有机融合，将理想信念融入综合素质教育中，并且要增强教育实践环节，提高学生的综合素质。理想信念教育本身就是大学人文素质教学的核心内容，承担着人文素质教学的重要责任。因此，要加强校园思想性文化建设，利用理论学习小组组织学生学习基本的理想信念知识，将社会主义特色理论体系纳入人文素质教学，并积极引导学生树立社会主义核心价值观。教师应充分利用一些能激发学生爱国情怀的事件，激励学生做有思想、有文化、有才能的人。同时教师在教学中必须树立典范，发挥模范带头作用，引导学生树立正确的理想信念。教师要积极鼓励学生投身人文素质工作的实践，将理想信念融入实践，从而促进大学生理念教育的更好实施，以提高学生的综合能力。

总之，大学生人文素质教育工作是一个沁人心骨、养人心志的育人过程，而理想信念是人文素质教育工作的核心，只有加强大学生理想信念教育，才能促进学生更全面地发展。学校必须充分认识到人文素质教育工作的复杂性和长期性，必须从小事做起、潜移默化地提高学生的人文素质。同时，教师要将理念教育融入每一节人文素质教育课程中，积极构建大学生理想信念教育的新思路，实现大学生的更好发展。

第二节　大学校园文化与大学生人文素质

在人才竞争越来越激烈的今天，社会对于人才综合素质和知识结构的要求越来越高，只有科学技术和人文素质兼备的人才，才是真正的全面发展的人才。素质教育是当代教育改革的重要主题。人文素质是综合素质的重要组成部分，对于大学生的素质提升具有基础性和引导性作用，并在一定程度上制约着大学生的发展空间。但我们必须看到，大学生人文素质培养的现状并不太理想，很多问题随着时间发展渐渐凸显出来，已经引起了学界的普遍关注，学术界关于该问题解决途径的讨论也愈来愈多。能够形成共识的是，仅仅靠课堂学习和教育培养学生人文素质是远远不够的，目前，要依靠教育的潜移默化，在这一点上，校园文化能够起到良好的促进作用。

一、大学生人文素质的重要性及现状

人文素质的定义在各类文献中尚未有明确统一的说法，但各种说法的本质基本一致。具体来讲，人文素质就是通过各种方式将人类的一切人文科学和文化成果内化为稳定的自身素质，表现出来的是由知识、能力、观念、情感、意志等多种因素综合而成的一个人的内在品质。人文素质的主要内容包括四个方面：人文知识、人文思想、人文方法和人文精神，其中人文精神是核心。

（一）培养大学生人文素质的重要性

人文素质教育是大学生素质教育不可或缺的重要组成部分，科学技术和人文素质教育的齐头并进、共同发展已经成为当代教育改革的趋势和要求。其重要性主要体现在以下三点：第一，人文素质是人全面发展的基础。概括地讲，综合素质主要包括科学文化素质和人文素质，前者注重的是专业技能，后者注重的是指导这种专业技能运用的思想。从这个意义来讲，人文素质十分重要。第二，人文素质是时代发展的要求。在知识经济快速发展的今天，一方面学科分工越来越细化，文理学科相互渗透和融合越来越多，出现了交叉学科、横断学科、边缘学科等，这使科学技术的研究需要更多的人文元素参与。第三，人文素质是培养创新精神和创新能力的必然要求。创新是时代发展和社会进步的灵魂，是大学生必须具备的基本能力之一。

（二）大学生人文素质培养的现状

我国的高等教育一直存在着"重理轻文"的倾向，改革开放以后，人文素质教育得到了足够的重视，也进行了大力的建设。总体来说，高等学校大都具有加大人文素质教育力度的意识，也都采取了一些措施，取得了一定的效果，但目前，理工科院校的人文素质教育还有很多问题存在。主要表现为以下三个方面：第一，重视专业教育，把人文素质教育放在辅助性地位。有些大学以就业为导向，认为只要教好专业知识，学生就可以顺利就业，人文素质教育则是可有可无的。第二，软硬件设施不完备。硬件方面，一些偏理科性的学校缺少人文活动场所和设施，图书馆人文资料匮乏，不能满足学生对人文资料和人文知识的需求；软件方面，管理者和教师人文素质缺乏，在实际教学中不能对学生进行有效的人文引导。第三，学生人文素质不高，最突出的表现就是心理素质差，不能正确处理人与人以及人与社会的关系。另外，还有一部分学生缺少人文知识，审美能力欠佳。

二、校园文化建设与大学生人文素质培养的关系

校园文化指的是学校所特有的精神环境和文化气氛，具有物质和精神两种形态。校园文化具体包括校园建筑设计、校园景观、学校的传统、校风、学风、集体舆论、心理氛围以及学校的各种规章制度和学校成员在共同活动交往中形成的非明文规定的行为准则等。校园文化为学生提供了良好的学习生活氛围，良好优质的校园文化不仅可以陶冶学生的情操、启迪学生心智，还能激发学生的生活激情，引导青年一代追求独立的人格和高尚的道德。

校园文化的这些作用和特性表明其在人文素质培养中扮演着不可替代的角色，二者是相互影响、相互作用的。人文素质培养是校园文化建设的内容和手段，而校园文化建设历来被认为是人文素质培养的重要途径。校园文化主要通过环境的熏陶和影响对大学生的人文素质产生作用。具体表现在：

第一，校园文化为培养学生的人文素质提供了良好、浓厚的文化氛围，使学生在课堂上学到的人文知识不会被束之高阁，而是在现实生活中有了营养丰富的生存土壤，从而得到延续与发展，课堂知识在与校园文化的相通融合中相互促进、相得益彰，达到良好的人文素质教育效果。

第二，校园文化建设能够使学生直接参与到人文活动中来，学校举办的艺术活动以及学生社团的各类活动，都将学生作为文化建设的主体，在参与的过程中，学生加深了对人文知识的理解，特别是一些艺术活动，可以引导学生对审美的关注，提高学生的审美能力。

三、培育校园文化、提高人文素质的途径与方法

要将人文素质教育落到实处，课堂教育和校园软环境就必须采取有效措施，并且要有机结合起来，从校园软环境方面来看，培育校园文化、提高人文素质应从以下几方面努力：

第一，加强校园文化硬件设施建设，在校园的建筑设计、校园景观、道路命名等校园环境的点点滴滴中融入更多的人文精神。设立固定的人文和艺术的活动场所，方便展示校园文化活动的成果，这些活动场所的设立不仅是相关活动开展的物质保障，更是校园文化的一个标志。

第二，建立和建设一些大学社团，组织开展形式多样的人文活动，如各种艺术节、演讲比赛、科技节、影展、文艺演出等。社团活动是人文素质教育的有效载体，在大

学生素质教育中发挥着重要作用，它可以让更多的学生参与到校园文化的建设中来，学生可以在这个过程中扩展人文知识，并将其内化为自身的人文修养。

第三，加大对学校优良传统、校风、校训以及在学校中涌现出来的典型事迹和优秀品质的宣传，开展以此为主题的活动，鼓励学生参与并引发学生的思考，加强学生的人文意识，为学生创造一个良好浓厚的文化环境，并且让学生处于主体地位，将规章制度和校园文化内化为学生的自觉意识。

第四，充分发挥网络等媒体在校园文化建设中的作用，利用校园网和校园论坛建立、维护良好的校园文化网络环境，提高校园文化的科技含量，加深学生对文化氛围的感受，促进其交流与思考，充分发挥网络的正面效应，使学生在日常生活中不知不觉地受到人文知识的熏陶和人文道德的影响。

四、校园文化对大学生人文素质的影响

校园文化的功能是育人。学生徜徉大学校园，与名人为伴，与书香同行，开阔视野、醇化心灵。唐代诗人常建有诗云："山光悦鸟性，潭影空人心。"大学的历史和现实、大学的每一种活动机制、教师的一言一行都渗透着浓厚的人文素质，都能培养学生的诚信、仁爱、自律、责任等现代人文素养，都可以激发学生自主学习、独立思考、勇于创新的自由本质。校园文化是一种巨大的无声力量，它如"润物细无声"的春雨，能以最深刻、最微妙的方式进入大学生的心灵深处，并产生深远的影响。

（一）丰富大学生的人文知识

人文知识是人类文化的历史沉淀，是人的精神世界升华的源头，也是一个民族发展的历史与灵魂。人文知识是一个人具有人文素养的前提和基础，人文知识对于培养良好的人文意识具有重要的作用，可以丰富人文意识的内容。大学生除了从课堂获取人文知识外，更多的是从健康向上的校园文化中获得人文知识。校园文化包含着大量的人文知识，大学生可以有意识、无意识获得这些知识。大学生可以利用图书馆、宣传栏、校园网等文化阵地，通过参与各种校园文化活动来丰富人文认识；可以在与别人交往或观察别人的过程中，获得恰当表达自己情感、待人接物等的社交技能和生活经验；可以通过组建一些人文社团，如摄影、舞蹈、书法、文学、音乐等的协会，在人文氛围中增长知识、陶冶情操、塑造自我。

（二）激发大学生的人文思维

人文思维是原创性思维的源泉。人文思维是发射性的形象思维，能够激发一个人的灵感。例如，在欣赏一件艺术品时，不但可以了解艺术品背后真实的故事，而且能

感受到艺术本身给人的想象力，这种想象力是无限的思维空间，如果能够抓住一瞬间的直觉，也许就能带来科学、艺术上的发明与创造。在校园文化中塑造环境艺术，不仅能够美化校园，更能通过艺术品本身启发学生的原创思维，开拓学生的思维空间。特别是现代科技文化艺术的展示，不仅能给学生带来美的享受和现代科技气息，更能激发学生对科技知识的追求，激发学生科学创造的灵感。

（三）有利于大学生掌握人文方法

人文方法是人文思想中蕴含的认识方法和实践方法。人文方法与科学方法不同，科学方法强调精确性和普遍适用性，是一种求真的方法、理性化的方法；人文方法则强调定性，强调体验，并与特定的文化相联系，是一种求善的、伦理化的思维方法。人文思维必须通过人文方法来展现。校园文化中展示的文化，目的是启发人的人文思维。在这种人文思维的指导下，要求人不是简单地接受或照搬传统人文知识，而是通过对传统文化的继承、吸收、消化来充实自己的精神世界，也就是说，要通过各种文化的价值取舍，发展新的人文思维。这种文化价值的取舍就是人文方法。校园文化建设之所以重要，是因为它能引导学生形成正确的人文思维，并指导学生动满足个人、社会、民族、国家的需要。

人文精神是人文知识内化而成的精神成果，它是一种人的内心世界的精神品格。人文精神，是人类最为高贵且奢侈的精神，是人类灵魂的家园，是维系人类社会关系的纽带，也是人类走向永恒的文化保证。同样，如果校园文化不倡导人文精神，那么这个校园文化也就失去了精神支撑。彰显人文精神是校园文化的特色，也是一个学校的人文优势，这种具有激励作用和感召力的精神可能对学生一生的追求和行为准则具有不可磨灭的影响。人文精神只有通过校园文化才能得到理解和深化，才能内化为大学生精神世界的一部分，变成对实现科学追求和人生追求的动力，也只有这种强大的精神动力，才能增强师生的凝聚力，为学校建设和发展带来生机与活力。

五、建设校园文化，提升大学生人文素养

文化是一种精神，是一种氛围，是一种价值导向。文化是引导人、激励人、鼓舞人的一种内在动力，是凝聚人心、鼓舞斗志、催人奋进的一面旗帜。学校应努力构建校园文化，以达成用文化养人、用文化造人的目的。

（一）凝聚人文精神的校园物质文化

校园物理环境是物质形态的文化载体。校园物理环境主要是指由学校的建筑物、文化设施、生态环境、班级环境以及各种徽章、标志、服饰等物质形态的环境所营造

的校园文化。

建筑是文化的沉淀。校舍建筑无论是古朴庄重的建筑风格，还是现代律动的设计思想，都展现着规划设计者的审美理想和审美品位。大学校园内的很多建筑除功用性之外，也体现着学校的审美追求。而那些有较长办学历史的学校中的建筑更是凝聚了深厚的文化底蕴，传达出比较深厚的人文精神。如美国东部的常春藤联盟，爬满古老校墙的常春藤象征着这些古老大学长盛不衰的精神；北京大学的红楼，其中西结合的建筑风格，就是"兼收并蓄、博采众长"的办学理念的象征。现在红楼已成为北大人引以为自豪的景观，激励着一代又一代的北大学子。

校园内的各式雕塑不仅是校园的点缀，还从不同侧面生动形象地传达出了一种人文情怀，体现了"文以载道"的精神。舒适整洁的校园可以从整体上给人一种舒适感，能使大学生感到和谐宁静，进而陶冶大学生的性情，激发大学生的美感。教学楼、实验室等与教学相关的场所内外的语录、图画、实物等布置方式，以及校园里那些春兰秋菊、冬梅夏莲、苍松翠竹，绝非可有可无的，它们不仅美化着校园，也在更深的层次上、在点点滴滴中表现出育人的功能。大学要努力做到使物质设施具有人文素质教育内涵，让学校的墙壁也会"说话"。

（二）展现人文风采的校园文化活动

如果说校园物化环境是一种相对静态的文化资源，那多姿多彩、充满活力的校园文化活动则是动态的、开放的、以学生为主体的文化资源。各大学应积极开展健康向上、格调高雅、内容丰富的校园文化生活，营造生动、健康的人文氛围，吸引大学生主动广泛的参与，培养大学生的创造能力、组织能力和协调能力。大学可以举办各种人文讲座、校园文化节、科技节、读书沙龙、诗会、报社、影展、文艺演出等活动，吸引广大学生积极参与。这不仅丰富了大学生的业余生活，还开阔了大学生的视野，活跃了大学生的思维，陶冶了大学生的情操，激发了大学生的想象力和创造力，让他们在多姿多彩的校园文化活动中交流情感、学习互动，进而增强他们的社会责任感、历史使命感和人文情怀，帮助他们将在人文素质类课程中习得的人文知识整合、内化为人文精神。

（三）彰显人文关怀的大学精神文化

大学精神是基于大学本质、大学特色、大学品牌、大学办学规律以及对社会政治、经济、科技文化、教育等的深度认知，在办学实践中所形成的一系列价值观念和行为规范，是一所大学整体面貌、水平、特色、声誉及凝聚力、感召力、发展力和生命力的集中体现。大学精神文化是大学的灵魂，是最高文化价值的追求，是大学历久弥新的不竭动力和源泉，是实现大学发展的精神支撑。大学精神渗透在学校的学术思想、研究方法、学习风气以及工作特点方面，无处不有、无时不在。正如林语堂所说："文章有味，大学亦有味。味各不同，皆由历史沿袭风气之所造成，浸润熏陶其中者，逐染其中气味……"大学精神文化最基本、最重要的内涵就是人文精神。培育现代大学的人文精神，就是要弘扬人的主体性和价值，在校园内营造自由和民主的浓厚氛围，处处体现出人文关怀。作为学术上的民主要求学术平等、学术宽容，坚持在真理和学术面前人人平等，大学的各种事务都要公正、公平和公开，要体现人文关怀，体现平等和正义，让学生感受到大学的尊严、大学的神圣。校训是把校魂注入每个不同的个体，起着支撑精神世界、重铸灵魂的作用，如东南大学百年校庆恢复"止于至善"的校训，寓示做人做事追求尽善尽美，永不停止。

（四）制订以人为本的大学文化制度

制度也是文化，是大学文化的外在表现，不同的制度蕴含着不同的价值观念和发展理念，为人的活动提供不同的现实可能空间。科学有效的制度体系又能培育和营造大学文化。大学制度建设的基本价值取向就是要坚持以人为本，意味着大学制度的设计、安排和运行要以人为中心，体现人文关怀。校园制度应能反映师生的切身利益，执行过程中要公正、公平、公开，同时要营造民主的校园氛围，让广大师生积极参与学校管理，自觉地约束规范自身言行，从而促进其身心的健康发展。另外，完善的校园制度，不应该仅挂在墙上或记录在纸上，更应该表现在每个人的行为上，应该深印于每个人的心中。为此，在完善校园制度的同时，更要花大力气进行制度的宣传和教育，让这些刚性的制度、规范，在潜移默化中成为学生形成良好行为习惯的"矫正器"。要以健全的文化制度规范学生，促使他们的行为由被动变主动，由他律变自律，最终内化为一种良好的人文素养，帮助学生养成高尚、规范的道德行为。

（五）创设散发人文气息的校园人际氛围

在大学，学生之间的关系和师生关系是主要的人际关系。大学生离开父母，开始了真正意义上的独立生活。他们带着各自的生活方式、思维方式和行为方式来到大学校园，在新环境中相互交融、彼此撞击，不断地改变或矫正着原来的生活方式、思维方式和行为方式。由于学生朝夕相处，他们从人际关系这个隐性课程中学到的东西有时甚至超过了在正式课程中学到的内容。从隐性课程的视角看，师生关系在教学中主要表现在教师在教学活动中形成的言传身教、以悟导悟的特殊作用，从而形成了一种特殊的教书育人氛围。当教师与学生一起深入了解科学家的发明过程及其人生体验的时候，凝聚和包容在科学研究成果之中的人文精神得到挖掘和凸显；当师生共同深入社会生活观察和体察社会现象的时候，渗透在生活现象之中的人文精神即得到显现；当师生之间建构一种交往互动的和谐师生关系的时候，师生之间便凝聚着良好、积极的人文精神。

（六）培育健康向上的人文网络文化

网络的高速发展使教育越来越具有开放性，这为人文素质教育提供了新的机遇和广阔的发展空间。学校应合理利用网络信息，使学生增长人文知识、弘扬社会正气、塑造美好心灵。从理论创新到生活点滴，从新闻宣传到民间舆论，从轰动事件到先进人物，网络信息在不知不觉中提高了学生鉴别是非的能力，提升了学生的文化品位和道德修养。学校可以在校园网上开辟"人文论坛"，安排教师定期与大学生进行交流，及时了解其人文现状。同时，教师要利用校园网进行人文方面的网上教学，引导社团设立自己的网站，锻炼大学生利用校园网进行自我管理、自我服务、自我教育。总之，学校应积极地开展校园网和人文网建设，充分发挥网络的正面作用，使大学生足不出户就能受到人文知识的熏陶和人文道德的培育。

大学的人文素质教育是培养学生自尊、自信、自立、自强的人生态度的有效途径。建设校园文化对当代大学生人文素质的养成具有极其重要的作用，有利于提升大学生的人文素质，使学生成为具有综合素质的人才，符合社会对人才的需求。

第三节　强化大学生职业生涯规划

当今是知识经济时代，人才竞争日益激烈。大学生"就业难"的问题也日益突出。导致这种现象的一个重要原因就是大学生在选择自己的职业方向时出现了偏差和失误。大学生就业问题日益严峻，科学的职业生涯设计能为大学生就业以及职业发展指明方向。因此，大学生职业生涯规划也是大学生人文素质教育中的重要内容。

一、大学生职业生涯规划的现状

（一）职业生涯规划意识淡薄

大学阶段是一个人职业生涯规划的黄金阶段，大学生必须尽早确定自己的职业目标，选择自己职业的发展地域范围，把握自己的职业定位。但是许多大学生的职业生涯规划观念淡薄，求职期望过高，对自己素质能力的评价往往和招聘单位的评价不吻合；有的大学生忽视职业生涯规划，自我意识淡薄，缺少感性认识和理性认识。这些都从侧面反映出我国目前教育体系中职业生涯规划和辅导工作的薄弱。

（二）职业生涯规划制度不完善

我国的高等教育有其历史特殊性，使绝大多数大学并没有成立专门的职业生涯规划机构。目前，许多毕业生只能依靠就业指导中心提供的信息进行职业生涯规划。这些职业生涯规划教师一般来源于学校、党政部门或辅导员，他们缺乏相应的专业知识、技能和经验，对职业生涯规划指导内容多为升学与就业形势分析，缺乏理论联系实际的思想，缺少个性化指导，缺少实践培养，难以激发学生的参与积极性。

（三）缺少职业生涯规划的指导

传统观念、社会舆论导向及不良风气均影响着学生进行职业生涯设计的热情。很多学生都是根据社会上的热门专业、家长的要求来选择专业。很多学生家长盲目认为稳定的工作，如国企、事业单位是最好的，不鼓励子女选择民营企业或自主创业。这在很大程度上影响了子女学习目标的确立，易使学生对就业、人生发展没有任何主见。

近几年来，由于毕业生就业难的现象客观存在，各类媒体就对其片面夸大，提出"毕业等于失业""大学生不如农民工"等观点。媒体的不实报道加重了大学生的就业压力，导致少部分毕业生出现严重的就业心理问题，对择业充满恐惧，对未来职业发展丧失信心，甚至有极个别毕业生选择通过自杀的方式来逃避压力。

二、加强大学生职业生涯规划的策略

要解决大学生职业生涯设计中存在的若干问题，教师必须进行多角度思考，探索出不同问题的解决对策。

（一）帮助大学生树立正确的职业生涯设计观念

社会和学校首先要帮助大学生树立正确的态度。在学生进行职业生涯设计时，教师要进行有针对性的指导，帮助毕业生确立切实可行的大学学习目标和职业目标，避免好高骛远的情况出现。同时，大学生职业生涯设计指导教师要定期对学生职业生涯设计的实施情况进行评估，指导大学生参与与职业目标相关的社会实践、兼职活动，促进大学生学习目标的完成以及职业目标的修订。

（二）完善职业生涯设计教育体系

学校应开展全程化的职业生涯设计教育，并根据不同年级开设不同的内容，如基础适应、自我认知、了解职业分类、专业入门、前景展望、参加社会实践指导、进行各项职业测评、客观认识自我、评估职业机会、确立职业目标、职业生涯设计步骤指导等内容。学校应当通过对就业形势及政策指导、择业心理教育、职业生涯设计的评估及反馈，帮助大学生做好职业生涯设计。只有建立在科学、理性基础上的指导课程才能真正对学生起到引导作用。

此外，学校要建立素质测评系统，通过科学化的测量，让学生对自身职业能力、人格、兴趣等方面有更加客观的认识和评价。

（三）强化大学生职业生涯设计指导教师的队伍建设

学校应建立起一支专业化、职业化、专家化的大学生职业生涯设计指导专职教师队伍，通过培训、业务学习以及教学研究等方式逐步提高教师的业务水平。教师应当结合人文素质教育课程特点，在教学方法上大胆采用案例教学法、情景模拟法、头脑风暴法等教学方法介绍大学生职业生涯设计的相关内容，做到授课灵活、有针对性。

大学职业生涯规划是一个复杂的过程。职业生涯规划不仅需要增强自我意识，还要转变意识模糊的职业生涯规划理念，加强职业生涯规划教育指导，深化职业生涯规划教育改革，建立一支高素质的师资队伍。另外，职业生涯规划还应该从低年级抓起，从新生入学就要进行专业的培养，这样才能促进学校的可持续发展，提高学生与学校的竞争力。

（四）加强舆论正确引导

在科学发展观的指导下，对于大学生就业的评价要遵循客观、公正的原则。有关部门应做出相关规定，报道大学生就业的内容应真实、可靠，如有虚构，相关人员应承担法律责任。鉴于高中毕业志愿的选择会影响大学学习以及毕业后职业的选择和发展，建议从高中阶段就传授职业生涯设计理念，增强专业选择方面指导，帮助高中毕业生了解社会需求，选择理想专业。

大学生作为我国优质的人力资源，其职业生涯设计问题也受到社会关注。在严峻的就业现实情况下，大学生职业生涯设计会出现一些新的问题，对于新问题的探讨应具有更多的实践意义。

结　束　语

　　大学生是社会主义现代化建设的主力军，提高大学生的人文素养，有助于建设和谐的社会。本书紧跟时代发展，从人文素质教育理论、礼仪与修养、心理健康教育、理想教育四个方面对新媒体环境下的大学生人文素质教育进行了深入研究，对新媒体环境下大学生人文素质教育问题提出了建设性的意见。总结如下：

　　（1）改革课程结构，增设人文素质教育类课程。传统的课程教育结构提供的学习有关人文素养知识的课程渠道较少，这在一定程度上制约了人文素养的发展。新媒体环境下，大学应该在专业课以外为大学生提供更多学习人文素质教育类课程的机会，在教学要求上，提升人文素质教育类课程的比重，让大学生认识到人文知识的重要性。

　　（2）严格约束大学生的行为，积极开展社会公益实践。人文素养体现在一个人的日常行为中，因此，通过各种规章与纪律条款对大学生的行为提出要求，可以对大学生的行为起到约束作用。新媒体环境下，实践是提升大学生能力的一种有效途径，各种社会实践和社会公益实践不仅有利于大学生内在精神修养的提高，还有助于促进大学生规范自己的外在行为。

　　（3）培育高素质教师，加强家庭人文素质教育。在社会化过程中，周围环境对个人的影响巨大。父母与教师在大学生的家庭生活和学校生活中扮演着重要角色。因此，教师与家长应同心协力，从多方面提升大学生的人文素质，增强大学生对新媒体环境的适应能力，为社会培养出全面发展的综合型人才。

参考文献

[1] 刘伟，丛小玲. 大学生人文素质培养与实践 [M]. 沈阳：东北大学出版社，2015.

[2] 戴丽红. 立德树人全面实施素质教育大学生素质教育研究与实践 [M]. 西安：西安电子科技大学出版社，2017.

[3] 袁进霞. 新时代大学生素质教育新论基于应用型人才培养的视角 [M]. 北京：地质出版社，2018.

[4] 解梅，陈红. 理工类高校人文素质教育研究 [M]. 兰州：甘肃文化出版社，2013.

[5] 李国强. 心理健康教育课程设计与开发 [M]. 湘潭：湘潭大学出版社，2017.

[6] 邬向明. 素质教育知行录 [M]. 北京：人民教育出版社，2012.

[7] 郭小平. 高职学生心理健康教育研究与评价 [M]. 天津：天津科学技术出版社，2013.

[8] 赵晓和，张国定. 大学生文化素质教育研究与实践 [M]. 合肥：合肥工业大学出版社，2010.

[9] 闫颖. 高职大学生职业人文素养 [M]. 天津：天津大学出版社，2014.

[10] 王国雨. 经典与修身大学生人文素养读本 [M]. 杭州：浙江工商大学出版社，2014.

[11] 崔正华，王伶俐，李爽. 大学生心理健康与心理素质培养 [M]. 北京：航空工业出版社，2018.

[12] 张燕明. 大学生心理健康与素质培养 [M]. 北京：人民交通出版社股份有限公司，2018.

[13] 魏青，曾莉. 大学生心理健康教育 [M]. 成都：西南交通大学出版社，2016.

[14] 江西省教育厅，江西省高校心理健康教育专业委员会. 大学生心理健康教育教程 [M]. 南昌：江西高校出版社，2017.

[15] 汪小容. 大学生心理健康和谐与发展 [M]. 北京：北京理工大学出版社，

2016.

　　[16] 闫明，高洪娟，周国莉．揭开幸福的密码大学生心理健康教育与心理素质训练 [M]．南京：河海大学出版社，2015.

　　[17] 武光路，李剑锋．大学生心理危机的预防与干预 [M]．北京：国防工业出版社，2016.